通过语言的美的创造，诗歌要处理的根本问题是时间和历史中人与人、人与万物的关系。

——蓝蓝

TIANXING SHIKU
天星诗库

- 中国经典诗人自选诗 -

从缪斯山谷归来

蓝蓝 著

山西出版传媒集团 北岳文艺出版社
BEIYUE LITERATURE & ART PUBLISHING HOUSE

图书在版编目（CIP）数据

从缪斯山谷归来 / 蓝蓝著. —太原：北岳文艺出版社，2018.1
（天星诗库·中国经典诗人自选诗）
ISBN 978-7-5378-5162-6

Ⅰ. ①从… Ⅱ. ①蓝… Ⅲ. ①诗集—中国—当代 Ⅳ. ①I227

中国版本图书馆CIP数据核字（2017）第054011号

书名：从缪斯山谷归来　｜　出品人：续小强　｜　书籍设计：张永文
著者：蓝蓝　｜　责任编辑：刘文飞　｜　责任印制：巩　璠

出版发行：山西出版传媒集团·北岳文艺出版社
地址：山西省太原市并州南路57号　　邮编：030012
电话：0351-5628696（发行部）0351-5628688（总编室）
传真：0351-5628680
网址：http://www.bywy.com
E-mail：bywycbs@163.com
经销商：新华书店
印刷装订：山西人民印刷有限责任公司

开本：890mm×1230mm　1/32
字数：146千字　印张：8
版次：2018年1月第1版
印次：2018年1月山西第1次印刷
书号：ISBN 978-7-5378-5162-6
定价：49.80元

目 录

第一辑 萨福:波浪的交谈

第二辑 伊卡洛斯之翼

第三辑　我的爱是一棵树

第四辑　汉语之航

第一辑 ｜ 萨福：波浪的交谈

A：哪一个

萨福，是哪一个？
她不在这里。
另一个也不是。

山坡上的茴芹，盲人们
用双手阅读夜风时
看到了她。

B：新名字

一个中国人为我造了一个新名字：
姤人。①
它将在人间第一次被发表。

仓颉②——爱和恐惧的四目之神
让我消失在你枷锁深处的自由里。

———————————

① 这是一个新造的字，中文里的"诗人"一词没有性别之分，而在希腊语
中，"女诗人"一词曾专指萨福。

② 仓颉，传说中中国文字由他创造，古代画像中他有四只眼睛。

A：在周朝

你双唇读出的萨福，
是远古周朝的沉寂。

唯有，淇河边的许穆夫人①，
触摸着箜篌②上
芦苇摇曳在风中的沙沙声。

路标：人是时间的一个
　　　移动地址。

---

①许穆夫人（约公元前690年—?），姬姓，古代中国的卫国公主，长大后嫁
给许国许穆公，故称许穆夫人。她是中国文学史上见于记载的第一位女诗人。
②箜篌，中国古代的弹拨弦鸣乐器。

B：诗

一块烧红的钻石

在嘴里含着，嗞嗞作响

——让我吐出它。

A：坦白

告诉你啊，萨福
我有玉米金色的寺院和
红薯幽暗的庙宇。

我有荒野，那诗人的盛典：
神在树和河流中藏匿
并以山顶的星空暗示，
在长久、长久的静默里；
在午后一枚柳叶悠然地飘落里——

阳光下一朵海棠花，朝着她的蜜蜂
慢慢飞去。

B：壁炉

东方人，请看看希腊的火焰

把你脸庞映照得
更美丽的壁炉里的光芒
那上升的力量
　　是利斧赐予的。

A：Αύρα [1]

阿馥腊，阿馥腊，
你的名字掠过时我唇上的清凉；

微风之神，光晕
在埃庇达鲁斯[2]圆形剧场
你是两股微风忽然
相遇之处——那靠近的远
有力地保持了你的尚未抵达：
——杨穗儿的柔毛诱引着
一场雷暴的皈依。

而熟睡中的爱人，我也曾深深吸入过
他唇边的气息——
那宇宙河底水草的起伏……

阿馥腊，阿馥腊，空气的女儿
你就这样吹动了
沉重的星球？

---

[1] Αύρα，希腊语，从海面吹过来的温柔微风。中文发音"阿馥腊"。

[2] 埃庇达鲁，古希腊著名的露天剧场，是祭祀希腊神话中的医神阿斯克勒庇俄斯的圣地。建于公元前 4 世纪。埃庇达鲁在希腊语中意即忽然靠近的两股微风。

B：灶火

我寻找橄榄树和白蜡树下的
野花和树叶，
我的爱人在收拾劈柴。

泉水正带走一个下午——
他挽起胳膊，
整理着杂树和灌木。

夜晚，爱唤回了他年轻的力量。
他在我胸前燃烧，就像少年
烧遍夏天的火。

A：忠诚

她手指粗糙，生满老茧。

——就是它们
在不确定的琴弦上
克服了偶然。

B：在高处

对于他们够不着的树颠
——有一块
高悬的石头①。

这一点，他们从不会
遗忘。

那圆满、清新
从未有人触碰过的
一个红苹果。

_____

① 萨福曾写过关于在树颠上的苹果一诗，内容大致为它不是被人遗忘，而是
他们够不着。这里作者以石头比喻这个苹果。

A：卜辞①

在名词致命的吸引中，
形容词开始弯曲。

而动词的可怕在于
它窥伺已久想成为名词——

会有一条民族的大河
因此弯曲吗?

---

① 卜辞：商代刻在龟甲、兽骨上用来记录占卜事项的文字，亦称"甲骨文"。

B：约定

有人与你分享床榻
我与你分享墓冢里的长眠。

星星渔火又一次
倾进夜空深蓝的水中。

我们重复着我们。重复。仍然是
我们活着时再一次见到的。

A：技艺

她能单足在一个高音上
稳稳停留，
直到——将它踏成平地。

B：树

一棵橄榄树
跑进了另一棵
核桃树的身体里。

我的爱，今晚你的枕头
在什么地方？

我伏身这一行凄凉的诗句
宛如拥抱你的双膝。

A：一种希腊语

星星一样多的海岛散布着
香蜂草，米科拉斯花、白雏菊
迷迭香，山茶，乳香树和月桂①……

这是萨福的希腊语——
那香气，那盘旋上升的
　　嗅觉的圆形祭坛。

---

①香蜂草，米科拉斯花、白雏菊、迷迭香，山茶，乳香树和月桂，这些植物都是香气浓郁的花草，希腊人用来做茶或香料。中国传统文化中，认为真正能够发出香气的是美德。（明德惟馨——《尚书·君陈》）

B：古代少年雕像

"——你不知道
你大理石的腰
多么美?"

"——你来了,
那一刻,我就开始变老。"

A：奥林波斯

也许，她去过奥林波斯，
在一个夜晚，深陷大腿的积雪
银色月光透进松林
照到天尽头。

十二众神扮作登山者
与她同居一室——石头客栈
冰鞋和冰镐靠在壁炉边。

黎明时他们起身
床上躺着的是一张里拉琴——

"它就是你们的语言。"
"与你同去的人，别忘了大雪中
    秘密的足印。"

B：吻

恋人们从彼此的嘴唇上
吸走的不是一个吻
而是瑟瑟发抖的
一缕惊魂。

A：奥维德说

"莱斯沃斯①的萨福，
除了如何去爱之外，
还教会了女孩子们什么？"

他说得没错。

柔软踏着轻雷，踩在孤独的
暴君头顶。

---

① 莱斯沃斯州，萨福的故乡，是希腊北爱琴海大区的一个州，与土耳其相望。

B：我只和神交往

我只和神交往，
我只寻找没有屋顶的教堂。

缪斯山谷①的牛铃，在一个清晨等到了我
一阵摇撼橡树的山风
终于捕获了我的双唇
——最后的葡萄，让我成为你的酒。

我只和神交往。我只看到人本来的样了：
那沿街拍打着永远不会
敞开的大门、膝盖破旧的你
——让我成为你的女鞋匠。

---

① 缪斯山谷，位于希腊赫利孔山下，那里有纪念希腊神话中的缪斯女神的祭坛。

A：注视小麦的穗状花序

啊，我的姐妹
现在你明白了吗？

——不存在无神论者。

B：火烈鸟（flamingo）

黄昏。火烈鸟被大海的暮色收回。
还有三只，挺着笔直的脖颈
伸进方向的意义——

对于爱者
一只就够了。

不是 A flamingo
那是：The flamingo.

A：萨福旅馆

在莱斯沃斯，无人不知道
萨福的美名。
在萨福旅馆，一个女人也能同时
成为男人。

你带着异乡人的腼腆，听到海浪和
隔壁欢乐的叫喊。你知道
或许这一切，都来自安提戈涅①的悲呼
和萨福化为歌声的沉痛。

---

① 安提戈涅，希腊悲剧作家索福克勒斯剧作中的一个人物，是俄狄浦斯的女
儿，她不顾国王克瑞翁的禁令，将自己的兄长、反判城邦的波吕尼刻斯安葬，因
此被关押，自杀而亡。

B：劳作

我时常劳作到黎明。

窗外，灰藜睡着并做梦，
希俄斯①来的大船刚刚
从它的头顶稳稳驶过——
海浪溅湿我的窗帘，月光
涌进窗口。

我的笔停在
月光照亮又消隐的地方：
——或许，这就是
我伏案一整夜
最终完成的诗。

---

① 希俄斯（Chios），位于希俄斯岛东岸，诗人荷马的故乡，位于北爱琴海，
在莱斯沃斯岛的南边。

A：波浪

起风了。

大海开始拉它起伏的
蓝色手风琴。

B：世界最终将收回历史

据说理性很少出错。

青藤覆盖了倒塌的房屋。
黄蜂把蜂巢造在大理石塑像的头顶。

那些我们走过的路。
在山间我还走着今天的此刻。

我以我的偏见爱你。
我以我的柔弱走向你。

万物莫不如此：
所有的面都朝向泥土。

A：扁桃

扁桃，沃利索斯①的七月
老妇人递给你
摩涅莫绪涅②的手。

你吃下去了。
那不朽的新肉。

---

① 沃利索斯，位于莱斯沃斯岛西南部，萨福曾在这里生活。

② 摩涅莫绪涅，是希腊神话中的记忆、文字、语言女神，她与宙斯生下了九位缪斯。

B：每次的初次

保持你的失去在你花朵的果实中。
那是你种子最终的留住。

A：埃利蒂斯①的故居

全希腊的门上，几乎都是
来自中国的铜锁。

埃利蒂斯，你的门也是，
我的手伸进太阳晒热的石头深处——

钥匙和锁，
总是在一起造的。

---

① 奥迪塞乌斯·埃利蒂斯（Odysseus Elytis，1911—1996）希腊诗人，曾获
1979 年诺贝尔文学奖。

B：触摸

我的手停留在你的头发里。
蜜蜂们来了。

你晶莹的泪水一滴一滴
落在我的前胸。

A：诗人

谁知晓诗人的悲欢？

纵身深渊的女人①
一阵风轻轻接住了她。

---

①传说中，萨福从悬崖上跳海殉情而死。

B：火山岛

那些躺在火山灰和荒凉砾石中的枝滕，
会长出浓绿的叶子，
并把在二月见到过的脸庞，
结成一串串喊着你名字的葡萄。

A：在莱斯沃斯山顶

黄昏，莱斯沃斯蓝色的山顶。

松树没有国籍。紫花大蓟也没有。
两个东方人，然后
一张古琴：古老的《流水》①，
丝弦在微颤。

风摇动松枝，第四个来了。

听吧——在我身边放下你
轻轻提着的裙子。

---

① 《流水》，中国古代十大名曲之一，也有将其与另一支古琴曲合称为《高山流水》。传说公元前 2000 多年前，晋国琴师伯牙在江边弹琴，遇到一生的挚友钟子期，互相倾慕。钟子期死后，伯牙将琴摔碎，此后终生不再弹琴。后人将这种友情称为"知音"。

B：谎言

你很平静，但这没有用。

你是舌头老练的僭主①
而我是语言涌出的一条清澈小溪。

①僭主，是古希腊独有的统治者称号，是指通过政变或其他暴力手段夺取政权的独裁者。

A：飞

书桌前有一把椅子。
它有四条腿。

每天我骑上它
在时间的烈风中。

B：大海麦田

我在两座岛之间长大。

每到晨昏之时，

它们就把自己划向对方。

我的爱，大海上一垄垄麦田

是你播种的吧。

那脱了硬壳的籽粒，深知磨盘

沉静的欢喜。

A：以汉语说

厄琉西斯①，俄耳甫斯教秘仪之地
德墨忒尔②的祭坛
山洞和废墟。遍地不知名的野花
贴地低低燃烧了过来。

泥土里，石缝间，柱子下，水洼中。

一株小麦就是思想。
一株大麦就是德行。

谷物女神的领地，母亲和女儿③
都曾从地狱返回。

她们的胸乳和肚腹宽大柔软

---

① 厄琉西斯，位于希腊阿提卡地区，雅典西北部，是俄耳甫斯教举行秘密仪
式的地方。

② 德墨忒尔，希腊神话中的谷物女神，掌管土地的丰产，是奥林匹亚十二主
神之一。

③ 德墨忒尔的女儿珀尔塞福涅被冥王哈德斯抢走做妻子，德墨忒尔和冥王达
成协议，每年有四个月女儿可以留在冥界，遂把女儿带回人间。

那些红罂粟，那些浓密的草
正在结出种子。

俄耳甫斯正是为此而歌唱。
一株小麦，一棵苦荬菜。
当他被撕成碎片——记得吗？
德墨忒尔的谷子也是碎片
在东方它们就是——
稻、黍、稷、麦、菽①。

泥土里，石缝间，柱子下，水洼中。
大地拨动诗人，那些叶子和花
扁平的舌头，酒盅的喉咙，
万物就是德行——
它们自言自语，唱着春天和孕育。

① 稻、黍、稷、麦、菽，中国古代最重要的农作物，分别是水稻、黄米、高粱、小麦、大豆。孔子最早在他的著作《论语》中称之为"五谷"。五谷在中国文化中有着重要的寓意，常与人类的文明起源相关。

B：是痛苦，又是安慰拯救

你仰头望着
晨晖中这张圣洁的面孔——

就是从这里开始，茹毛饮血的祖先
放下棍棒和箭镞
走向了歌唱、舞蹈、语言和文明。

2015 年 3 月

引子

我知道死神在雅典等着我。
你爱琴海的蓝，
你阿佛洛狄忒特湾的细浪

我孤零零地来到这里
英俊的死神拿着盐在礁石上等我。

2013 年

伊卡洛斯之翼

小小的麻雀，你弯弯的脚趾
怎样蔑视着伊卡洛斯之翼！

石头、荆棘、树丛和屋檐
安稳地接住你的身体。

伊卡洛斯是无脚的鸟儿
无论高飞还是落地
都是死亡到来之时。

伊卡洛斯之翼
只有空气，只有风——
啊，它们何等怀念那轻盈的人的翅膀
短暂的扇动
至今留在风中，空气中！

2016 年

战神之丘

台阶的石头被千万双脚磨得柔软，
它们就这样认识了坚硬的本质。

没有投枪和箭镞，哦，金色夕阳
搂紧了战神之丘。

情侣们依偎着合影，年轻人
登上坡顶——为了让风找到他们
热烈的额头。

目光与声调，在空气中
掷得更远，轻盈的梦
抬起了战神沉重的盔甲——
沉重造成了飞翔的双翅
铁匠们是火焰升腾的伴唱者！

指给我看，使徒保罗踩着的
第一块石头；指给我看
那些走散在雅典街道和集市上的人。

你从来没有热爱过群众。你爱的是

老狗一般的乞丐，一个在天桥拉三弦的人
一个哼着《卷席筒》的河南人；
扫垃圾者，山村女教师
一个给恋人打电话时突然昏睡的人；
一个个的人，男人和女人
不是群众，不是人民。

请指给我看，不远处的卫城剧场
将会有一场海啸在几天后的夜晚把它湮没。

我顺着你的手指盯着你的眼睛燃烧
直到一个灼热的洞出现：

星星们像一窝金色蜜蜂密密麻麻
飞舞在今晚的夜空——

2013 年

苏格拉底监狱

新的一日从黄昏开始，
暮色来到这里，接下来是
夜在铁条后迅速变黑。

松树垂下它的双臂，搭在
深陷阴影中的人的肩头。
石头狱室的窗口会亮起一盏灯吗？

你甚至有些莫名的幸福，为那碗
甜蜜的毒芹汁。黎明将从死亡
迈进虚无之门时开启，
曙光悄悄移动了它的日晷——

你仍将学会热爱绝望，直到希望带着血渍
从痛苦的产道滑出。
你读过他平静的篇章，在自由的悬崖上
在他致命的赴死中——

会有人继续和你承受思想严酷的命运
现在，你在石头的冰冷上坐下，一条黑犬

跑过。苏格拉底轻轻穿越你们却微笑不语。

听！——教堂晚祷的钟声，敲响了。

2013 年

大音乐厅花园

这些黑色的花在夜间开放。

这些聚集到大音乐厅花园的外来者
带着会唱歌的喉咙，被风和海浪
被流浪的命运所追赶——

诗人们，你们手里的纸页
一直在颤抖吗？

2013 年

赫利孔

赫利孔山的牛铃铛响在树荫下
缪斯们停住了酒杯朝这边望——

新娘和新郎来了
黑色的马车在山顶等着。

给他们一串秋天最后的葡萄吧
给他们一小块蜂蜜吧

送他们去往那深夜的时候
让他们白骨的亲吻是甜的。

2013 年

在萨洛尼卡

在萨洛尼卡，我开始学会走路
人群拥挤的大街上
警察为游行的人
维持秩序。

我是中国诗人。
纳齐姆·希克梅特
另一个土耳其诗人
就诞生在这里。

我记得他的音步诗。
在爱琴海岸旁的大街上
我的双脚
正在与这些诗句押韵。

2010 年

圣托里尼

迪米特里，你在弹琴。
而我的心在唱歌。

我的歌穿透我爱人薄薄的胸膛
像一把匕首。

"我爱你，因为你是你。"
你的爱人名叫雅典娜，她有一双
大而亮的眼睛。

我的爱人曾坐在我的身旁
衣服下是被海水洗过的
悲伤。

迪米特里，你的狗
消逝在荒草深处。
我的爱人递给我的花
开在圣托里尼所有的酢浆草上。

2014 年

亲爱的伊亚①

火山，大海。
壮丽的日出日落。

这些有力的事物
就是美的存在——

为了让我幸福地变成
美而无力的人。

2014年

---

① 伊亚，圣托里尼岛北面的小镇。

古锡拉遗址上的村庄①

我的大沙埠在水上。我的大沙埠在海上。
谁也不能把你霸占——她四处漂流
在印度洋，在爱琴海
在北冰洋——我的大沙埠在海上。

我的舅舅们是水下的鱼群，
我的妈妈和姨妈们是柔长的水草。
姥姥家的屋顶在海底隐约可见。

我的大沙埠在这首诗里
升起了它的炊烟；
在我的爱人明亮的眼睛里
开始了它新的一天。

2014 年

---

① 2010 年，我出生的故乡大沙埠被全部拆除。这个村庄自此在地球上消失。
古锡拉是被火山灰掩埋后又重新发掘的古代小镇遗址。

磨坊之歌

那些眼睛不被蒙上也能不慌不忙
在磨坊里转圈拉磨的驴子
——向你的心明眼亮致敬！

我愿学会那首古希腊的民谣
《磨坊之歌》，
它原是古希腊人消磨时间
唱着玩儿的歌，还有什么
比这样愉快地对待时间更好的事情？

——"磨坊，推磨呀，推磨呀，
就是毕泰卡斯也在推磨呀，
他是伟大的密提里尼的国王。"

2015 年

萨福之死①

……那么，这是一个传说喽。

年轻英俊的渔夫，还站在
永恒的波浪上。但另一个谁又能说
不是出自校正的笔：阿狄丝蓝色的眼睛
燃烧着不熄的火焰，以及
围绕着城邦或书简芬芳的裙裾？

一定还有第三个莱斯沃斯岛
在高出阔叶乔木的大片塔楼上
楼下的公共汽车冒着烟
驶进生活猛烈的暴风雨。

作为一个精通音律的乐手
她不在乎被投进熊熊大火的诗稿

① 萨福，古希腊著名抒情女诗人，被誉为第十位缪斯，曾在莱斯沃斯岛创办女子学校，传授诗歌、音乐课，有记载说她与女弟子阿狄丝有恋情。她曾因政治原因被两次流放。传说她为年轻的渔夫法翁投海殉情，古罗马诗人奥维德曾以萨福口吻写下了二百多行哀歌体长诗。美国女诗人 HD（希尔达·杜利特尔）在《墓志铭》一诗中写到过萨福。

这种傲慢在两千年后依然高昂着头——
"死于追随精致的歌失去的节拍"
那是名叫 HD 的女子写下的墓志铭
而她会怎么说?

——好了。现在她已远离这些喧嚷
走向阳台——那依旧是卢卡斯最高的悬崖
遥远的法翁就在眼前:

她飞落,
松开手里仍在嗡嗡作响的竖琴。

2009 年

作为诗人

在雅典卫城博物馆的大厅
前来听朗诵的人们来自不同的国家，
他们用诗句测量我。

但某些时候则不同。

当我看到咖啡馆里的人们拿着报纸
上面是来自中国的新闻——
有毒的牛奶、失学的孩子
以及无家可归的农民。

我羞愧无言。

我从不会因此感到羞愧：
——假如他们继续以诗句测量
作为诗人的我。

2014 年

雅典之门

华盛顿的多娜，雅典的多娜，
请用你小女孩子的栀子花
祝福来自东方的少年；

愿我能有您这般美丽的年龄做我的
嫁妆；或者当我青春年少
在他第一次吻我时窒息而死；

他告诉我今天帕特农上空出现了彩虹
那是见证上帝的时刻，我愿您双眸
更加清澈，因为我的爱人遇到过它们；

他用嘴喂我葡萄酒，喂我泉水的词语
我是他今世的诗人。我祝福你举起杯子时
爱琴海蓝色海面上会刮起微风——

华盛顿的多娜，海德拉岛的多娜
别忘了你遇到过身上藏着新娘的新郎
他们靠异乡人的祝福活得更为久长——

2013 年

跳吧，姑娘①

——给菲薇

跳吧，姑娘
在他的注视下旋转你腰中的鲜花
再一次纯洁地开放
在我们中国，所有没结婚的女子都是姑娘
这是个新生的日子
跳起你闪电的舞蹈吧——

音乐回荡在广场辽阔的静默中
是鸟儿在树上歌唱，在枪口下
在铁网拦不住的河面上
大雾像一场梦，收拢过希腊的暮色
但自由和晨风会跟随他
来自遥远东方的歌声
为你的节奏准备了
心的倾听和邀请。

---

① 菲薇 Phoebe，希腊已逝著名电影导演安哲罗普洛斯的女友，与其育有三个女儿。在缅怀安哲罗普洛斯的集会上，曾以安哲洛普洛斯电影《永恒的一日》《养蜂人》的音乐与一位女士起舞怀念自己的男友安哲罗普洛斯，他们终生未缔结婚约。

从来没有熄灭的烛火

既然钟声还在爱琴海回荡

也没有船只失踪，既然波浪依然起伏

带着你们三个美丽的女儿

童年在此刻返回

这是第四个——记忆会再次令你怀孕

纯洁的姑娘，他的姑娘

蓝色黎明会在海上升起

养蜂人将带着花朵和蜜回来

——这无尽的舞步

——这永恒的一日

2014 年

赫利孔颂歌

来吧，亲爱
夜就要降临，第一颗星星
出现在不远处的赫利孔山顶。

来吧，亲爱
当秋天最后的葡萄在我的嘴角
酿出微笑和甜蜜的渴望
一阵风正掠过你眉宇间
收割完麦田的寂寥。

来吧，我秘密的爱
我是你黑暗中最黑暗的野兽，
是你长满针刺的小路；
我是牛粪和羊粪，野花和石头
也是你泉水乳房的喷涌和起伏。

来吧，我那在幸福中裂开的心
带着你的牧杖和漫天繁星
祝福我紧抵着祭坛的额头；
愿你在我身边躺下
愿你紧闭着嘴唇倾听——

你好，我的大海——
你好，疼痛——
你好，那无限的是——
你好，沉默的记忆之母——
请带走今夜你神圣的新娘，
就在丽瓦蒂亚，那九月的缪斯山谷。

2013 年

无边春天的弥漫

我不认识卡珊德拉，
也不认识安提戈涅。

我认出丁香的芬芳是悲伤。我听到
喜鹊们在树枝上踏响黑色的音符。

我能准确描绘大酢浆草笔挺的花瓣，
我曾在火山口看不见的岩浆里打滚。

但是，伊俄卡斯忒
伊奥斯岛的小姑娘，我认识你。

等你长大，你是否会记得曾有异乡人
把东方的春天找到并带给你？

而卡珊德拉在喜鹊的叫声中说过。
而安提戈涅颤抖的双手在丁香树枝里举起。

2014 年

在戴高乐机场转机

候机大厅里哪个是巴迪欧？
或许还有正在看报纸的齐泽克，据说
他所有的袜子都来自汉莎公司。
而我手拿红色中国护照，出生于
"文化大革命"的第二个年头。
小时候我偷看过父亲的日记，
他为请假去看望还是恋人的我的母亲
而深刻检讨，认为这是"自私自利"；
至于我的母亲，一个共青团员，
在冬天挽起裤脚为公社挖泥
双腿从此落下了病，再无法治愈。

他们从没有出过国，无法想象
戴高乐机场扑鼻的巴黎香水味。
还有那些衣着光鲜的乘客，美食；不知道
一掷千金的大亨是如何一掷千金。
他们的亲戚，很多都在农村
孩子上学要翻山越岭，老人生病
基本要砸锅卖铁——那是一些
默默出生又默默死去的人们。

黎明，希腊的朋友来电话
问我在戴高乐机场有什么感想。
我曾经来过巴黎，有时也在这里转机，
法国有我喜爱的诗人，艺术家，
也有活着时遭受围攻的加缪，
他像傻瓜一样居然要推着巨石
徒劳地攀登科林斯的高山——
而这次，我就要去那里为他献上
一束野花。至于戴高乐
他在我出生后的第二年
那著名的五月风暴中惨淡下台
败于欧洲红卫兵怒吼的街垒。

我站在 1966 年和 1968 年之间
站在两个世纪的东西方之间
在灯火灿烂的戴高乐机场，仔细辨认
某些对东方充满幻想的西方人
发现他们的两条腿居然全是左腿。
他们从没到过中国农村，那里现在有大片
被污染的荒芜农田，而一些村庄
被称作艾滋病村、癌症村。

我想请雅各泰和雅姆一起喝一杯咖啡
说一说我们都热爱的大自然，
说一说让赞美打雷的人感到害怕的种子

——大麦，小麦，谷子和苜蓿。
然后，我将直飞希腊，
去拜望萨福和俄耳甫斯，
并向苏格拉底的小神致意
——或许它已经飞到中国，正与
四月的花神、树神一起嬉戏。

2015 年

在奥林匹亚博物馆

他们在飞。在倒塌的废墟上
在高大的松树和灰绿的
橄榄林中，在祭坛上空
那些大理石，断了腿的
马人，面容残缺的古代战士
无头的胜利女神在飞
而造了他们的匠人比他们飞得更高
仰着头的孩子们背着书包
腋下悄悄涌动着奇异的躁动

更多人惊讶地睁大眼睛
在博物馆空旷的大厅里
在讲解员催眠般的咒语中
感到自己断开的手臂、残破的面容
以及身体的废墟里那沉睡的
大理石的沉重

2014 年

俄底修斯①

我叫无人。他说。
随后便杳无踪迹。

巨人们找不到他。
愤怒的死神也找不到他。

他不在深深的岩洞里，
也不在高大的头羊的肚子下。

沿着语言秘密的小路，
他——胜利地逃遁了。

2014 年

---

① 俄底修斯，又译尤利西斯或奥德修斯，是荷马史诗《伊利亚特》和《奥德赛》中的重要人物，伊萨卡国王，以木马计大胜特洛伊。此诗取材于俄底修斯以计谋从巨人眼皮下逃脱的故事。

希腊人说

"告诉我，在祭祀中他们做些什么？"

"焚烧动物的皮毛和骨头，"他说，
"所有人类不能吃的东西，都将
奉献给神。当它们在烈火中嗞嗞作响
众神们就会从四面八方聚来。
人吃肉和植物，
而神吃蓝色的烟雾。"

我看到，晨曦和暮岚在树林后轻轻弥漫。
有什么动静在芦苇丛里窸窣，又
消失在溪水流远的深处。

"那么，希腊人如何在心中高举
十字架，又在教堂的钟声外
赞颂波塞冬的海浪和阿波罗的光明？"

"或许，罗马人的马蹄从未曾踏上
雅典发烫的石头。在海德拉的爱若斯山顶，
阿波罗的马车正在教堂的三角们上驰骋。

或许，神更喜欢坐在钟楼的尖顶，
从云中钓一滴雨，或穿着带破洞的裤子
敲响陌生人的大门。"

"那么，如何解释拜占庭？为何
某个地方名叫君士坦丁堡，又叫
伊斯坦布尔？甚至更多的名称？"

"但它只是同一个地方，不是吗？
我不确定知道神是否喜欢人为他建造的房屋。
我不确知神是否授权于人间的法官。
我猜想他厌恶鲜血和尸体，假如这鲜血
不是从他的胸膛涌出。别忘了，
神只喜欢吞吃烟雾。"

"我想，人也许会为造出更多的刀剑
而胆寒，如果他们能够想到自己的喉咙。
现在，请带我穿过卫城脚下的教堂，
到海边去，绕过那些无名的
环形石头祭坛，以及那些沉默的仙人掌
把自己'扑通'投进大海。"

"你会看到一个老妇站在礁石上，
阳光照着她古铜色下垂的乳房，
布满皱纹的小腹和花白的阴阜。

她与那个同样赤身裸体的男子
谈论着海水的冷暖。
那男子有着少年的腰身，到了夜晚
他会被强壮的生命带领
将整个身躯送进另一座教堂，并在
时间坚硬的祭坛上留下膝盖
清晰的印记。

——如果这不是神所喜欢的，
还能借助什么使他的双手表达
他那所向披靡的力量呢？”

2014 年

海德拉的恋人们

抵达海德拉岛时正是深夜。风雨交加。
你们刚从伯罗奔尼撒越过海浪而来，
船被海压下或高高抛起
你们目睹黑夜之海的恐怖，比之
你们祖国的历史，多了起伏的自由。

这里已经是春天。桃花满树。
你们在鸡鸣声中醒来，在驴子的叫声里大笑
从爱人的脖颈下触摸到海的搏动——
你们美丽的身体刚才焊在一起。

你们代替外祖母向陌生人问好
听到教堂的钟声时会停下脚步；
面对大海早餐时，你们看到海鸥在飞
有新来的船正鸣笛靠岸。

所以，当一个人在出售旧相框的古董店
突然看到自己的照片在墙壁上时
失声尖叫并立刻明白——
掘开那时间之墓的人
就站在眼前。

2014 年

卡瓦菲斯小传

卡瓦菲斯并不愿去采摘橄榄，也不愿
去贩卖埃及棉花。他在赫尔墨斯商学院
一头钻进了拜占庭的圆形屋顶。

一大群富豪哥哥供养这位
被市井俗语吸引的未来诗人，直到
他们接二连三奇怪地死去。

水利部三十多年的临时工
懂英、法、意大利、阿拉伯和拉丁语
这砝码保证他每个下午可以攀爬节奏的云梯。

他曾写下很多纪年数字，1895 年最多。
我都用铅笔标注下来。我对时间有着侦探般的
热爱，我的笔尖找到一些蛛丝马迹。

他爱男人，爱颤抖的肉体，那欢愉
胜过死亡的震动。咖啡馆背街的阴影
曾记得那急匆匆的脚步。

他胆小如鼠，惧怕公众的评说虽然

他将他们的语言变成不朽的历史
成为伟大希腊乃至人类最美的声音。

他拥有一百二十五个喉咙说话：
贵族的，农夫的，喝粗劣茴香酒的
他把无数个自己缝到了一起。

由于使用过度，他死于喉癌
——被切开气管，最后几年作为一个哑巴
苟延残喘。是谁给了诗人这样的奖赏？

至于宗教，弥留之际他挣扎，对着大主教愤怒
抗议，最后屈服——有保留的。带着无尽疑虑咽了气。
那圣餐，有一半还没有进到他的肚子里。

2014 年

看中学生排演诗剧

远征特洛伊的号角吹响了。

十六岁的阿伽门农王暂时忘掉了
他的小女友，将手臂笔直地指向前方。
身后是四个少女，她们的武器——
从宾馆洗浴间带来的毛巾。
这些柔软的棉织品斜挎在前胸，
草地上的几次来回踏步
已走完了十年的战争。

头戴花帽的男生，现在是扭着腰臀
妩媚的海伦；校长则是战败的一方；
最后的胜利是所有人躺在绿草中
阳光亲吻他们闭眼假寐的面容——

希腊摄影师肩膀在剧烈颤抖，
所有人都听到了他直达脚底的笑声。

2014 年

卡吕普索①

"从来就没有俄古癸亚岛，那个长生不老之地。
就像从来不存在另一个埃及的海伦。
天真的来客，别让诗人们把你骗了。"她说着，
将水杯注满。然后在摇晃的椅子上坐下。

"至于我，人们叫我卡吕普索，
金色卷发披肩的海上神女。"
她忽然笑了起来，露出嘴角的皱纹。
"你瞧，我已年过五旬，
自从俄底修斯离开这片荒芜的海岛
我即白发丛生，关节炎使我无法再走远路。

没有人动用暴力——如果他足够诚实。
我们相爱，在树下亲吻翻滚
说着恋人们都会说的山盟海誓。
我尽力奉承他，给他一切爱的享受。
你能从至今开满大地的花朵中辨认出

---

① 卡吕普索，意为"将我隐藏"。希腊神话中的海洋女神。特洛伊战争后，俄底修斯返乡途中遇到沉船，被卡吕普索救起。俄底修斯曾和她在俄古癸亚岛同居并生下一子，后拒绝她的挽留和永生的许诺，返回故乡伊萨卡。

我就是那个甜蜜的女人。

但诉说这些有什么用？
我自己种菜，像男人一样照料羊群。
我会酿酒，能驾驶帆船；
自己去银行交税，去药店购买药品。
一切都好。你不会理解我这样的女人
会因为有过一个爱情的夜晚
今生再也没有改变过对生活的笑容。
因为我的名字就是我的命运——
一个必将隐匿的人。

或许不久后你就可以看到我安静的葬礼。
人们当然明白，爱就是死。
他们把我称为永生的仙女
则可避免内心的愧疚。
至于俄古癸亚岛……哦呵，这是个笑谈
诸神们都知道，只有伊萨卡长存。"

说完，她蹒跚着走回荒凉的岩屋里
头发像枯草一缕缕飘在她的头顶。

2015 年

珀涅罗珀①

"二十年。我终于等来了我的丈夫。
一个尽人皆知的英雄，足智多谋的俄底修斯。
呵，愿我的仇敌拥有和我一样的命运吧。

我厌恶那些花冠，肉麻的赞词。
请看看我的双手，在织布机上磨成了石头。
那是我每个不眠的昼夜，也是我的懊悔。

美名和血腥的战场对于一个国王
远胜于我那温柔洁白的床铺。
至于爱情，或许求婚的浪荡子们比他知道得更多。

不，我当然能猜到他钻进的女神们的帐子
比我的更芬芳。我心硬如铁且不计较男人的贞操
这将保证我是最后的赢家。

不要忘了，我只是一场比赛的奖品
从斯巴达被送到俄底修斯的床上。

———————————————

　　① 珀涅罗珀，俄底修斯的妻子，在丈夫远征特洛伊时，为其守贞二十年，被
喻为女性的榜样。

那将是一张空了二十年的寡妇的床。

我无路可走——无论是那十二个被吊死的女仆
还是其他人。拿笔的是个男人，
而我活命的智慧堪敌俄底修斯——国王的椅子万岁!"

2015 年

皮拉传①

她在低泣，这个女子
坐在冥府幽暗的角落，泪水
顺着粉红的脸颊流到嘴边。无人不知
当年在斯基罗斯岛，那个命名一切港口
皆为隐匿之地的海湾，她柔媚欢乐
是岛上最美的少女。直到
来自伊萨卡和阿尔戈狡黠的货郎们
在闺蜜四散而逃的尖叫声中
紧紧抓住她那攥紧宝剑的娇嫩的手腕
——她惋惜那被踩脏的羊毛披肩
银色的米拉科斯花别针，以及
绣着叶子花的长裙；她蓝色的眼睛
就要告别岛上的橄榄树和松林
听迈锡尼的国王可笑地称她为希腊第一勇士
并说神谕里指定将由她来结束一场旷日持久的战争

① 阿喀琉斯，海洋女神忒提斯和英雄帕琉斯之子，希腊第一勇士。因神谕说
唯有他能带领希腊联军在特洛伊战争中取胜，其母自他小时便把他藏匿在斯基罗
斯岛，打扮成女孩，名叫皮拉。后被前来找寻的俄底修斯识破，带他前往特洛伊
参战。后被太阳神阿波罗射中脚踝死去。

而后世的诗人在万世流芳的史诗的第一行
就写下阿喀琉斯这个伟大英雄的名字

谁能诅咒那可怕的预言把她推上战场
而爱和死神在特洛伊等着她
——不，她早已知晓自己的命运，
她从不畏惧任何人间的国王
也不畏惧哈德斯阴风凄惨的深渊
只是那光芒四射的阿波罗，
这曾为她的降生祝福的神和黑暗合伙
亲自将她送到此地，这使她心碎哀伤

人们为杀人者塑像，大理石或者青铜
歌颂胜利者的功绩并尽快清除废墟
除了诗人偶尔的到访，再也无人记得
那红色火焰的头发，那失败的美
那名叫皮拉、斯基罗斯岛的姑娘。

2014 年

俄耳甫斯之死

他背着琴独自上路
因为刀剑毫无用处，地狱挤满了
死人，只有一个尸首尚热
像漩涡吸引着他的脚步

里尔克说那里是"魂魄的矿井"
幽深，黑暗
米沃什则看到汽车的前灯
在雾中时隐时现
对于他——缪斯的爱子
唯一一个活着来到冥府的人
似乎没有遇到阻碍，只要
他优美的歌喉响起，细细的琴弦
便会扫清所有道路

这一切无法阻挡
即便在哈德斯统治的王国
只是寒风凄惨，而且另一只手
也渐渐变得冰冷
巷道里黑暗愈加浓重
琴声戛然而止，直到

再也听不到身后的脚步

——他违背了神的叮嘱
原因唯有他自己知晓
他是否已忘记作为阿波罗的亲授弟子
这世界没有黑暗之地
当他终于返回人间
迎接他的恰恰是狂女们指爪间
地狱的嚣叫；而就在刚才
他失去了那个
唯一能使他不死的女人

2016 年

在塞里弗斯

泉水奔向它的芦苇，而芦苇奔向它的风。

在塞里弗斯，有那么多芦苇和风；
在塞弗里斯，有那么多矿洞
独眼巨人奔向它们荒凉的栖身之处。

这是帕尔修斯的岛。这也是美杜莎的岛。

矿主们从那里拿走金子和黑铁，
矿工们从那里捧出一把麦子。

黄铁石，辉锑石，方晶石……
矿工们走进深深的矿洞
美杜莎把他们全变成石头。

在一块大理石碑旁
矿工的妻子有着复仇女神愤怒的臂膀
守着变成矿石的她们的丈夫。

在塞里弗斯，泉水奔向它的芦苇，
而芦苇奔向它的风——

2016 年

不增不减

密西埃国王忒勒福斯跛着一条腿
追上了那只曾扎进他大腿的矛，
据说阿波罗曾发布神谕：唯有刺中他的矛
才能治愈他的伤口。

矛的主人阿喀琉斯一筹莫展，
随军的医师们再次求得神谕：
刮下长矛上的铁屑敷于伤口
国王立即愈合如初。

二十世纪的百度百科记录了此事
并特地注明：这么做恰恰会导致
致命的破伤风。

古人和今人各自惧怕
为自己带来好处的东西，
而诗人疯癫的话语令我微微颔首：

这世界永远不增不减，但也并非
唯有伤口才能治愈伤口。

2016 年

献给巴菲

风中的树叶。晨光里的人。
鸟藏在林中和麦田的鸣叫。
四周弥漫的香气。

你从不说苦和累，一直在微笑，
莫非就是因为它们？

所以，今天的歌献给不朽的巴菲，
献给你满山游荡的鹿群，和
升起在松林上空的星月。

献给破碎在喉头的哽咽，
献给奔向你的坚定的脚步
——它们如此天真勇敢，
从不知什么是阻碍和苦难。

2016 年

丽瓦迪亚

在丽瓦迪亚，她爱上了一棵小树
消瘦，结实，有着少年枫叶婆娑的腰肢。

一切都寂静。
两只犬奔跑过的树林更寂静。

相爱的人，并没有睡在一起。
他们在虚空中，抱得那么紧。

从摩涅莫绪涅的洞穴处涌出的泉水
必定汇成清澈的溪流。

纤细的小树扎根水底，被激流所撼动
颤抖飞舞，昼夜不停。

飓风源于它的叶子，像上帝受惊的眼皮
目睹一场发狂的悲喜。

记忆女神生下不止九个女儿，
它允许其中一个颤抖着进入它的身体。

2013 年

米洛斯的阿佛洛狄忒

骄傲属于那些你永远找不到的人：
譬如，米洛斯的阿佛洛狄忒。

金钱和武力，使卢浮宫的那一位
显得可疑——这世界上
任何不情愿的结果都是虚妄。

假的——在纪念品商店、街摊
美术课和成千上万的桌子上
阿佛洛狄忒早已脱身而去
——她不在那里。

或许有一次真正的寻找：
米罗斯的克利马小村
古剧场和运动场荒草萋萋
醒目的指示牌和旅游手册
没有任何线索
直到暮色降临，大海变暗
远近疏落的街灯亮起——

就在那条人们多次走过的路口

一个无人注意的隐蔽小径通往
婆娑的黑色橄榄树林
一方小小的大理石深藏于此
绿苔和野草覆盖其上
石缝间年迈的老蛇目光沉沉，守护
这里多年的沉寂——

只有海风刮过的山坡
受惊的蜥蜴从草丛间抬起头张望
——她隐身于哪一丛橄榄树背后？

可以确知的是：
她把用来拥抱的一双胳膊
永远留在了希腊的土地。

2016 年

赫利孔还在赫利孔山中

赫利孔还在赫利孔山中
在山顶、山腰，和山脚
在风和橡树的低语里矗立
那些风化的石头还在继续风化
山峦渐渐变成平地
而赫利孔会站在碎石间
挺立，它的山坡、山谷
披着每年的风和雨水
从时间的深渊里
再一次，慢慢隆起——

2015 年

鲁帕特·布鲁克在斯基罗斯①

形迹神秘的外地人离开海军基地的时候

名叫"基督"的哨兵向他们招了招手

并疑惑为何不远处橄榄林里变得暗了下来

白色墓地，新漆不久的栏杆

有些倾斜，但没人觉察到

那沉重的大理石墓石悄悄挪动过。

车子从荒凉广袤的南部岛屿驶向北部

这里人烟旺盛，一群白房子蜂拥着

慢慢朝山顶高处的教堂爬去。

三个人坐在安静的车里——比来时多了一位。

英语、汉语、希腊语。不。没有人说话。

他们装着互不认识，故作肃静

但其中一位轻轻笑出了声。

当海边半山腰那圆形的空地出现，

他认出一百年前自己的脸：在赤裸的青铜男子下面

---

① 鲁帕特·钱纳·布鲁克（1887—1915），英国空想主义诗派诗人。在一战期间参加了英国皇家海军，1915 年因为败血症死于加里波第登陆行动中，死后被葬于希腊的斯基罗斯岛。其短暂一生创作了大量优秀的诗歌。

雕像的底座上。一束火棘、椿树叶扎的花束
搁在上面——他从没来过这里。
于是，他怯生生跟着那对儿同样
怯生生靠近的少男少女
径直走进自己二十八岁年轻的身体——
那么欢乐。那么轻。

2014 年

乘一艘蓝色的船去萨摩斯①

你们死了，在此之前的任何时候都未曾活过。

——巴列霍

诗人弗兰西妮把她的错误在爱中变成温柔的哀泣。

——扬尼斯

一

我的爱人带着我，乘一艘蓝色的船去萨摩斯。
在深夜启航，当大海沉睡
哗哗铰起铁锚，从那礁石和海底的淤泥深处；

那些幸福的度假者！情侣，孩子
家庭之神庇护着人们；
白发苍苍的老人——他们知晓
人间一切的苦乐，所以漠然而平静。

我是今夜的弗兰西妮，无名岛上的诗人
我是变成光的一阵微风
我的爱人带我登上海轮——

---

① 萨摩斯岛，爱琴海东部的岛屿，岛上有赫拉神庙，古希腊哲学家毕达哥拉斯诞生在这个岛上。古锡拉历史学家希罗多德曾在这里居住。

"欧洲快车"——什么拖住了你
在九个小时的迟疑中，上帝
算错了哪一道数学题？
我的爱人抱我在怀中——
我没有衣裳，没有围巾和鞋子
赤裸的身体暴露在夜色里，
哀伤的乳房颤抖着，人人都能看到
他们从这个女人身边走过时低下了头；

我爱人的每一步都踩在我身上
——蓝色肋骨的踏板，
蓝色脊椎的舷梯。蓝色甲板的胸脯
我的爱人，他的双脚是那么轻
他深陷在我蓝色沙发中多么寒冷；

我的爱人带我在蓝色大海上漂浮，
蓝色的月亮，蓝色的星
蓝色的波涛，蓝色的海风！
命运，当你开始倾斜时，
请递给我的爱人木头的蓝色扶手……

二

……那是什么？
在夜半，在漆黑的深渊上

在每道门紧紧关闭的长长走廊里
谁在独自踱步，谁睁着不眠的眼
倾听轮机房巨大的轰鸣声——
我敲打着每一扇温暖的门，我的手指肿胀
我的嘴唇是破旧的。
所有人都睡了，所有人。
船在深夜航行，我双手抱紧瑟瑟的肩膀
在这条美丽的大船上幽灵般四处游荡：

在一环紧扣一环铁链的镣铐
在油漆剥落的伤痛里，在缆绳巨大的紧绷中
我在空洞的通风口，在沉默铁锭凝聚的
凌晨的冰冷——我对画在墙壁上的海鸥微笑
把小岛照片的景色贴紧在额头
我孤零零地唱歌，和被浪花打湿的栏杆
在甲板上起舞；

我肮脏的赤脚停在两台卷扬机绞盘前
粗大的缆绳朝着相反的方向
勒紧着铁锭凹陷的喉咙——如此
令人窒息的绞索：我的爱人
在海上，在风中，
他爱，他不自由……

三

——你好，明亮的阿波罗，
你好，长满了松树和橄榄树的萨摩斯，
你好，空气里被空旷打开的寂静
你好，瓦锡的儿子，俄耳甫斯的朋友
我是今夜的弗兰西妮，无名岛上的诗人
我是变成光的一阵微风

请你们欢迎来自雅典的客人
三个——伟大的数学家，什么也瞒不过你
请再清点一次——还有一个
那躲闪的影子，在树的背后
岩石的背后、一切无名者的背后
那赤裸着火的女人
——她双手捂着面孔；

在别人的床榻旁哭泣，在灼热的阳光中发抖
在博物馆常年古旧的气味中，在角落处
在一百年前的照片里
她在活人无法进入的时空
她被判决和死人们待在一起。那些
发出笑声的嘴巴已经化为尘土
她甜蜜的胸脯旁是成堆的森森白骨；

四

他恳求大理石露出她的手
恳求那坚实的臀部、浑圆的乳房
从无知无觉的冰冷里开始呼吸

那些断开了身子的雕像
失去了胳膊和双脚的形体
呼唤他,要求他的一滴血
要求他双腿间的勃起能认出
他爱过的这个女诗人;

从来没有这么多的痛苦,堆积在这个岛
在咖啡杯里,在火焰的床铺上
从来没有这么多伤心,压倒了一切树林
在无声的啜泣浮起的大潮里
在夜里沉重的呼吸中;幸福从来没有如此致命
一剂毒药,你们做爱时分泌的液体
你们额头上滴落的汗水,你们的眼泪!

那绝望、欢乐的七个昼夜
蓝色的天空和大海的女儿
手提利斧的屠夫正在四处寻找你——

五

请怜悯那四处奔走的我的爱人
海边无人的古剧场，落日的悲凉
青铜的神请怜悯他的血肉之躯
朽烂的木头椅子，请怜悯他浑身的疼痛

也请怜悯所有的人
谁和谁？哪个又是哪个？
——这么多的错误，这么多的哭泣
这个世界上从来不存在没有伤口的人！

毕达哥拉斯，幻想之城的建筑者
请你讲一讲你的三角形的奥秘——
那是一条横线的"不"，一条竖线的"是"，
还有那最长一条斜线的"或许"——
——我猜对了吗？

我们依旧在沿袭着你的名词
你的数字和宇宙的笔画
你活在什么样没法同时踏进的两条河流中？
"做自己感情的奴隶
比做暴君的奴仆更为不幸。"

——亲爱的哲学家
你在一粒豆子上滑倒了，

而一个人要在"幻想"这个词上站起来；

六

萨摩斯，我的洞穴
你灌满烈焰，就要把我冻僵……

神在和谁厮杀？谁才是罪人？
——只有道德才嗜血？
想一想人类的自大吧！
而星星在头顶闪耀——

关津为偷渡者放生。桨会原谅迎面的流水。
另一个尺度是尺度自身的证明
是死人把我喂养长大，我也将喂养
其他的生命：

请你们吃掉羔羊，吃掉鱼
我那残缺的耳朵，在风的宽度上完整
我的理解力的锯齿下飞溅的血肉
喂养潮汐、月经和生育
因为爱，我成为草木，成为海水和云
成为你爱的每一张面孔——

对着大海发誓的男人，海会为你平静
背负在你身上的女人，会变得越来越轻：

"我还没有死，亲爱的。"

——"你已经是死人。"
上一次在帕尼萨山。这一次
萨摩斯在你脖子上吸尽了
所有的鲜血……世界，但愿从来没有我；

当心那拥抱你的人——圣诞快乐！

2013 年

在安菲萨的老咖啡馆

写给陈超先生

——我看到你在窗口坐着，正写着你的诗句。

1976年[1]，安哲洛普洛斯在这里架起摄影机，
拍摄《流浪艺人》。咖啡馆里堆着道具，
演员和助理们有时也坐下来，在高高的天花板下
歇息。天是灰色的，仿佛这里并不在希腊。
那一年的中国似乎也不在中国，
一位巨人死了。广场上全是晃动的影子。

沙纳西斯从咖啡馆墙壁一侧长长的镜子里
静静看着忙碌的剧组，里面却是1938年[2]某天早晨
咖啡馆新开张时他父亲的面容。
另一侧是一个小小的戏台，荷马的英雄们
从那里抵达特洛伊或者伊萨卡。

---

① 1976年，希腊导演安哲洛普洛斯在安菲萨这家老咖啡馆拍摄《流浪艺人》反映希腊军政府独裁时代人民的苦难历史。

② 安菲萨这家老咖啡馆于1938年建成并开业。此时正值中日战争期间。第二年，第二次世界大战爆发，希腊被德、意军队占领。

而此刻，他的女儿约尔伊娅在柜台后煮咖啡，
偶尔走到照片墙前，拂去安哲洛普洛斯脸上
积落的灰尘。他的手臂朝前伸着
已经整整三十八年。咖啡馆的戏台
大幕已沉沉拉上，破旧的纸箱子堆在台前，
那是幽灵们最古老的家乡。
夜深无人时，刀戈轻微的碰撞声
会惊醒一只老鼠，它拖着沉重的身体
从老旧的台球桌上溜到铁炉下取暖。

通常，咖啡馆人少的时候
所有的椅子一律朝向大门，
玻璃窗外是安菲萨人来人往的小广场
一个活动的戏台，当年的儿童已经年迈，
铜像也已锈满斑驳的岁月。黄昏时
新来的客人推开咖啡馆的门，叫上一杯 Greece 咖啡
静静坐下来，看临近的几个老人打牌。
她的背包里带着一张诗人的照片，
关于它，是《流浪艺人》的另一个故事，
2011 年①首尔的一个山坡上，而它开始于 1958 年②，
一个饥馑和革命的年代。

---

① 2011 年，笔者与陈超先生等一同参加在韩国首尔举办的第二届亚洲诗歌节，曾为他拍照片，听闻他离世后赠送给他的家人。

② 1958 年 5 月，中国"大跃进"运动开始。同年 10 月，陈超出生于山西太原。

"每一张照片都在争夺遗像的位置。"

杨尼斯若有所思地说，"而我已经死去二十年。"

他的身上，藏着一个无论何时都与他同龄的女人。

他们一同从德尔菲赶到此地，晚餐

将在半小时后开始。"亲人们将在异乡相见"，

她想，并凝神听着褴褛大幕后的动静，

文艺宣传队的娘子军在后台默默跳着芭蕾[①]，

一声枪响，褐色的血慢慢从幕布下渗出。

"这里是 1938 年，也是 1976 年。

华北某拖拉机厂的一个青年工人

车床前开始酝酿他的《案头剧》[②]。

2014 年我遇到陈超在希腊的一家咖啡馆，

这里人来人往，有熙熙攘攘奇异的宁静。

灯光有些昏暗，照着他如常微笑的脸。"

而老沙纳西斯跺脚，双手击着拍子

和那些停止衰老的人们一起唱着：

"别错过今晚咖啡馆动人的演出，

那样的嘴唇，那样的眼睛

---

① 陈超诗作《回忆：赤红之夜》中写到"文革"时期文艺宣传队演出芭蕾舞
剧《红色娘子军》的情节。

② 陈超年轻时曾是石家庄拖拉机厂的工人。《案头剧》是他的一首描写剧作
家创作一部生活荒诞剧过程的长诗。

那样结实紧凑的年轻身体……"①

1989 年②，咖啡馆的戏台关闭，一如远方
突然鸦雀无声的广场。多年来幽灵们常挤在
台口窥探，夜深人静时便出来游荡。
六个小时的时差足够互换彼此的昼夜：
远在石家庄的殡仪馆告别仪式刚刚结束，
阴霾密布的天空下他望着远方，像一只
猎豹跃过他的反抗："在那儿。不。在这儿。"
他已换上了新的布鞋——③
老人们在打牌，时间一动不动。
安菲萨老咖啡馆的镜子，正映出他消瘦的侧脸。

2014 年 11 月 19 日

---

① 此曲根据希腊爱情民谣改编，安哲洛普洛斯执导的电影《流浪艺人》主题曲，词曲弥漫着欢快又悲伤的气氛，曾在他的葬礼上演奏。

② 据咖啡馆主人沙纳西斯介绍，1989 年咖啡馆已经不再演出，大幕就此关闭。

③ 此句和上面"在那儿。不，在这儿"一句，引自陈超《在这儿》一诗的结尾。

第三辑 | 我的爱是一棵树

106—168

我的爱是一棵树

我的爱是一棵树，是
一动不动的
旅行者。当它在岁月里
继续奔走
祝福它笔直，高大
幸福地忍受
烈日和暴雨，以及
必然的刀斧。

2011 年

视　力

我的眼前一片模糊……
这是否意味着
我可以不必用眼睛来看？

看见那更清晰的
更美的？

也不再会被眼睛所欺骗
我将写下陌生的语言
画出逃脱黑暗也逃脱了光的光芒

一棵蓝色的苹果树绕着
金龟子的夜起舞；

一些词轻轻
落到它们清晨崭新的呼吸上……

2013 年

真　理

让我告诉你希望是如何活下来的——

一个人最终说：算了。
一个孩子松开了手。
一个倒霉蛋看到了底牌。

而在所有厚厚的灰烬下面都埋着一根
悄悄摩擦干燥土地的
火柴。

2013 年

多年之后

一个个陌生的地名，读这些诗篇的人都不知晓，
但以后他们将熟悉。

尽管那异域的床由石头、树枝和花朵做成
我的背却知道它紧贴在炕上，木床上。

火在壁炉里毕毕剥剥燃烧，屋里是暖的
她们在忙碌，外祖母，妈妈，灶火映红的脸。

她们看不到我。我在雪白被单下赤裸着白骨
一个男人心爱地把我抱在怀中。

2015 年

重 逢

他们在星星上相遇
在所有夜晚。

在任何地方
水底的街道里。

在蔷薇名字的小径深处。
在月夜的一扇门后。

有一次它叫呼吸，
另一次叫阳光的秒针。

他们在每一次飞走的鸟群中相遇。

那永远的告别中。

2014 年

还有一次

　　——致狄金森

在约旦河往东，我遇到了
雅各。"我知道您，体操运动员先生。"

"在哪里？"他惊讶地问。
"在我的芳邻狄金森的书里。"

他涨红了脸颊，抓住我的头发。

"我熟悉耻辱犹如老友，"我趔趄着，
"动手吧——凡接替被您打败的人
都会把祝福再次给您。"

"且住，"他转了一下眼珠，"她还写了什么？"

"祂走后，一艘迷途的船看到了水面上
一个人垂死的眼睛……那样的处境
我也曾经历。"望着雅各已经离去的背影
我兀自喃喃低语。

2013 年

倏忽之神①

无人不曾被放置在烈火中炙烤
当那些时刻到来
大船离岸，起航，在无际的海面上
缓慢地划下一个大弯
藏在船底的神与推动风帆的神
是同一个。甚至尚隐身在岛后面的
黎明之神，也在与祂以海风暗中呼应
当时间出现，以它平静的面孔铺向海面
众神的桌子都在摇晃，仿佛
飓风掀起了大理石的丛林
站在岸边的人，晨风绕上他们的脖颈
过去在追索，悲号着那些
未曾到来和再次踏上的征途
火中的人都能从火中再生——
时间清凉的双手解开他们的镣铐
而伊萨卡并未在伊萨卡，它漂泊海上
为道路征战，寻找子嗣离开的第一天
正如日影在东墙和西墙移动

---

① 倏忽，传说里中国的时间之神。

风霜覆上秋月朗照的山村屋脊

窗纸微微的翕动里，倏忽一闪

晨风掠过赤身裸体的女人发间

2015 年

给托马斯·萨拉蒙①

一个小伙子开着拖拉机过来了，
车上装着芬芳的泥土。
今天，他们要埋葬你
亲爱的托马斯·萨拉蒙
在中国黄山脚下的一个村子
一个庄稼汉赶着牛车，上面是你的棺木
几个孩子走在前面，
向天空抛洒着纸钱，像雪花纷纷扬扬②

唢呐吹响着，但没有人嚎哭
一切都静静肃立——
你走过那条小路两边的白杨树
你和罗伯特·哈斯散步过的竹林
你指给我看的小溪畔的芦苇

你那么安静，是诗人中最安静的人
但有一晚我梦到你

---

① 2008 年 10 月，托马斯·萨拉蒙和罗伯特·哈斯等诗人到中国访问了安徽省的黄山地区和宏村。

② 撒纸钱，中国民间葬礼的风俗。

在安徽一座古老的庭院
你是一只咆哮的老虎倏忽跃过屋顶
消失于月光之中
一片琉璃瓦从半空跌落在地上

既然还会有月圆之夜①，那么我会去宏村看你
像古人那样骑着驴，或者乘乡下的
公共汽车，到那片墨绿色的竹林
听你风中沙沙的低语——
如此安静，如汉字中你轻轻的呼吸

2015 年

---

① 中国传说中，月圆之夜所有人的逝者的灵魂都会回到生前喜爱的地方。

自然的肖像

彩色的，黑白的；
你在青草上起舞。
窑洞里，船舱中，
你在波浪上起舞。

风穿越这一生，
单簧管吹奏你，
缓慢之乌龟轻踏你的身体。

你是里拉琴模仿着羊儿悲伤的脸，
你是飞扬的马鬃活泼的舒展。

你这自然的肖像，
被什么样的手绘成?
什么样的雷霆，
造就了如此炫目的闪电?

用泪滴、锁链、花朵，
用悔恨、痛击、比大地更辽阔的童年。

2015 年

会 有

会有绷带不再渗血，一双解开爱人胸衣的手
把它从丝柏上解开吗？
会有电话线卷曲成葡萄藤
缠上黑色的发辫吗？

会有人从枕头的痛苦里仰起脸
迅速地变得更美吗？会有星星一粒一粒
落进你的石头眼眶荡起涟漪吗？

会有一个少年藏在绿麻地里而一个女孩
唱着歌找到他吗？会有大片的柿子树
像火一样燃烧，会有大放悲声后的微笑吗？

会有一间干净的房屋放下插着野花的餐桌吗？
会有两张照片合成一张吗？
会有清晨的亲吻、晚安的相拥
会有时间突然的静止——
沙漏里的沙子再也不流逝的世界吗？

你在深夜写下的这些，会被生活
怀着久久期待后的悲喜一层层剥开吗？

2014 年

爱，煤一样冰冷

爱，煤一样冰冷。

每一次，你停止呼吸：
一群鹿从树林里慢慢走出来，
叫着，嚼着草和树叶；

你从你中破门而出，为最长的夜
寻找灯芯草，在一棵松树下你弯腰找到
它尖尖的围拢着的花苞；

只要三朵冰柱的火焰一直燃烧
就不会再有黎明。

爱，炭一样冰冷。

一个人活着时死去
只是不再呼吸，风不再吹拂，
时间的铁门紧闭：

仍然在山坡吃草的野鹿，站在树下
齐齐抬起头——

凝望。一动不动。

2014 年

欢乐颂

啊，那些欢乐的歌！旋转的裙裾！
那满天的星星！
秋日晴朗的夜，从林间吹来的微风；

那溪水的淙潺，那漫坡的野花；
那温存的询问，
那熄灭的灯盏、漫长的黎明！

车子在飞奔，九月的道路劈开你的身体
——那美好的时光！
那你们死去后的永夜里
还在喁喁低诉的爱情！

2015 年

你要求完全的爱

你要求完全的爱，完全的纯洁。

你命令紫地丁在三月开放；
所有的河流滚滚向海；

你要求心无旁骛。
你要求绝对的忠诚，
就像——哦，可怕的——上帝——

2014 年

圣 徒

圣徒不会跟任何人上床。

他脱下这具肉体
赤裸着，颤抖着
扑向他的上帝——

哦，他穿戴整齐，
坐在椅子中
深陷一动不动的恍惚。

2015 年

坦　白

我不想——我不愿生活在
谎言中。我的心反对我这么做。

我的手也反对，它似乎戴上了
铁手套，并且再也摘不下来。

面具长进肉里，沉重而冰冷
没有比它更丑陋的表情。

我骄傲的私处感到恐惧，它将失去
它的美妙，并停止它热烈的繁育。

即便我错了，而谎言将在这错误上生出肿瘤
在这里，在那里，胳膊和胸口被痛苦撕咬。

得有一把刀子来解决这个问题。
这我知道。并为此感到舒心。

我的心就要穿越地狱，拖着它叮当作响的镣铐
我的手会长出新肉。

我的脸满是疤痕，像所有破壳后的种子
有着被劈开才能诞生的可能。

和老于世故的智者相比，困难的婴孩
更值得祝福——勇气不会抛弃它。

我愿被鞭笞、鄙夷、痛恨和打击
我愿坦然地承受一切惩罚并为此欢欣。

和所有的罪行相比，重新做回真诚的人
是一场艰巨的战役——

我渴望。
我愿意。

2013 年

进入腊月的夜晚

进入腊月的夜晚，北斗七星在头顶的位置
明亮而颤抖。似乎风掀开了它们的帽檐
只有到了夜半，北京的阴霾悄悄溜走
它们安静地高悬于燕山的峰峦上，或者照进
一扇亮着灯的窗口。她想——这些伟大的光亮
如此弱小，仿佛一滴未掉下来的泪
唯有一贫如洗的胸口
　　才配得上它们的照耀。

2014 年

一个自然主义者

一个自然主义者会选择三叶草，
选择荒野，选择趴在花蕊中
浑身颤抖的蜜蜂；

会选择一把铁锤，在坚硬的岩石上
凿刻自然教会他的
美的形态——看，成熟的石榴
正在把心裂开。

一个自然主义者会遇到
他的享乐带给他的阻碍——
桥梁需要河流，而船需要海。

一个自然主义者造成上帝的苦恼，
关进墙壁和屋顶下的香火，呼唤
凌乱的露天祭坛，暗羡风中那些
披星戴月、光明灿烂的众神。

一个自然主义者按照自然的节奏
敲打着他苦闷的秩序：

脚下的碎石越来越多，

蓬勃的野草也越长越高，

一只雄壮的蝎子窸窸窣窣从草丛爬过。

2014 年

异乡人的歌谣

道路把我交给了流浪和行走，
我的脊背上深深插着一把匕首。
请你们不要惊讶，
我是生于本地的异乡来客。

我的马有三只眼睛，
第三只是蓝色的。
当我饿了，
我的小勺子就会伸进去。

我从不饮酒，
却是醒着的酒鬼，
只有那倏忽而来的一阵风，
知道我的名字。

我赶赴过那么多的葬礼，
带着背上的匕首；
我有一支清凉的歌，
唱给南来北往的燕子听。

我赤脚走过的地方，

有很多双胞胎出生；
只有那把闪亮的匕首
能听到死神的咳嗽。

2014 年

白昼的挽歌

深埋的矿脉，栀子花的岩石
让我的爪子能抚摸到你们。

在云里游来游去的鱼群，
在水底开杂货铺的姑娘，
让我的睫毛为你们挡住日光的移动。

我要去的地方是避难所，
那里有满山的鹿群，和林间的凌乱的
蹄印。月亮看到过
我怎样和它们一起过夜，
怎样躺在橘红色的婚床上。

而我是谁？我在何种古老里年轻？

——我再也找不到来时的道路。
——我再也不是昨日阳间的那个人。

2014 年

你独自享用了……

你独自享用了多少夜色的美丽；

享用了溪流射向草地的欢乐；享用并
吞下野花的芳香，当它们在银子的圆月下
闪闪发光，用石砾和泥土的供奉
大声合唱！

松树们朝你奔来，鸟儿的叫声
带着弯钩；你不认识你自己。
你这英雄的敌人，四季的管道工。

你会沉睡在风暴过后的甲板上，
柳叶覆盖着你黑色的眉毛。
你的伤口正在结痂，你的血
在历史的海滩上正在被黑暗晒成盐巴。

2015 年

问

情诗迷人的萨福，
也曾因反对莱斯沃斯执政王而被流放。

关于她的流言不计其数，
包括各种风流韵事和她的长相。

这很难理解吗？
那些挂着破鞋被游街的人
早已明白道德如何替换了政治。

我猜测，俄耳甫斯被撕成碎片
也是同一个原因。

这么多年，你们都被骗了：
那些堂皇而正确的"真理"。

2014 年

危急时刻

……他们突然停止各自的辩解，陷入沉默。

过了一会儿，他说：

"昨天，我又闻到了草木的气味儿，
像第一次一样。

还有秋天的高阔，太阳升起来时
树叶闪闪发亮，背后是
拔地而起的山峰；
刚刚割过的草地散发出青涩的香气。

落叶在地上变得潮湿。童年的气味
早晨的清冽充满我的肺腑。"

他又说："那个时刻，我知道我信你。
我信你大于我爱你。或者说，
我爱你就是我信你。
是那些闪亮的树叶、青草
告诉我这一点。而语言走了一整夜的路程
刚刚追上我。

"现在，我对你说了这些话，
我轻松了。不久它也将抵达你。
请为我高兴吧。"

而她，默默地抓起笔，
记下了这一切。并且确切无疑地知道：

现在，他们都安全了。

2014 年

屋子里有一个人

除了他，这屋子里还有一个人
在他身后，当他起床去刷牙
在镜子里，那模糊的水银背面
静悄悄的。当他沐浴，在弥漫的雾气中
一动不动，像等待被他穿上的干净浴衣

这么多年，他跑，那人也跑
在他的衣襟之后。他走路
那人就轻轻蹑步，或许会飞到前面
在一丛苦荬菜花中迎候

当他和女人交欢，那人静立床头
满脸悲伤，像墙上画里死去的人
像狗一样忠诚，像时间与他共处
尤其当他长久独自待着的时候

唯有一次，他觉察到某种异样
那晚停电了，他点上蜡烛
看到书架上有一个消瘦的影子
正迅速隐去——

2014 年

不合时宜

常识是：石头不能飞翔。
我系紧扣子。

在我怀里它被暖得是那么热！

2014 年

一个人跳舞

柔软的萨克斯，你把我抱紧
碎了一地的手风琴
我的赤脚在跳舞

在 D 大调里旋转
在 F 小调中流盼
在上午的阳光下伸展手臂
在深夜的寂静里眩晕

一个人跳舞，一个人
踏着热情的舞步
这无尽的华尔兹
这没有舞伴的人生

2012 年

为了永生

为了永生，神把祂的铁锅支在荒野。

祂煮恋人们的肉。煮时间钻石的歌。
野花噼啪燃烧，火星四溅的星辰。

在一座海岛上，我见过这火山的凹陷：
当他们双双把头伸进去的时候。

2014 年

比起圣洁的修女

比起圣洁的修女、严肃的修士
上帝离备受阻隔的恋人们更近；

因为诗人曾说：上帝满怀善意
但从来无人单独触及。

闪闪发亮的杨树矗立风中
不会离开脚下的大地；
天空如果缺少云朵
河流、大海会和灼热的太阳
一起造出它。

或许那爱人的胸膛间也有
一座坚固的庙宇：

当那紧紧拥抱的身躯成为一体
正是不朽之神诞生的时刻。

2016 年

梦幻曲

1

栽一棵树，在山坡
山开始向海挨近——
岛是大海里的山。
让风吹它，当你的肩膀
成为一座中原的村子。

2

拿着我的手，你写诗。
你浇灌这些柔软的叶子
在我的双唇之间
倾洒露水。

3

抱我坐在你的膝盖上
像石头女王
有森林追随伏牛山的起伏
有礁石的沉默和大海的合唱。
你尊贵的大腿
你时间的宫殿。

4

像成对的死者
牢牢抱在一起。我们
写下我们的名字。埋在
遥远的诗人墓旁。
我的花儿祝福它。

5

我们是哑巴
为了说出无尽的话语。
爱的饕餮
饥饿渴望着。

请允许我在落日的黄昏
为你唱一支歌。
陌生人
——我来了。

6

请小心爱我
乡村的少年
你杏子的嘴唇
你叶子的颤抖
——给我你清澈的井水。

7

我的眼睛会睁开
看到永恒的新郎。
我给你读诗，我的手想认识你。

两颗星星的乳头也想。

8

河流会裂开一道缝
话语消失在波浪深处。
密不透风的我们。
记忆跟着它。信风是自由的
看守。

9

在暮晚
我爱烙饼的香味。

我吻你鲜血奔流的手腕。

10

交换我们的盲文。
我们的石子。为坟墓积攒

床铺。会有一只路边的狗儿
认出我们的眼睛——
分给它我们的食物。

11

时光中的一座邮局
等着我们的两封信
寄到我们手中——当我们
眺望未来，它在那里
静静回望我们的过去。

会有葡萄藤为此弯曲吗？

12

我是你的厨娘。在词语中
也是。我是你爱的碗筷。

13

在燃烧的床上，我将
化为灰烬。当你带我飞起来
我是那新生的
凤凰。我的黑发
散开。我的脸朝你盛开。

14

而我的舌尖会接过
你词的甜蜜，我的牙齿
轻轻咬住它。泉水涌进
我的喉咙。

15

我的行李沉重。但现在
它轻了。
亲爱的外祖母——
请叫我们的小名。
我知道你们在笑。
我看到了。

沙子迷住我的眼睛。

16

北斗七星
请在我们的头顶照耀吧。
你们在蓝色的深渊
藏得那么深
在东山底的峡谷
在大沙埠的深沟
在童年树根的黑暗里

为了我们眼睛最终的找到。

17

而这里——时间吐出了时间
跑马拉松的东方少年
追上来了

——"世界还在，
我活着！"

2014 年

青铜波浪

你心硬如铁。你的嘴唇
是铜铸的。

你合上夜。熄灭阅读的眼睛。

欢呼的人群，多么容易欢呼。
为他们的饥饿，你喂养冷漠。

你把一队骑兵缝进肩膀。
你从不曾被狗吠追上。

你的胸膛中间是黑洞之梦
示拿地向内凹陷的高塔。

2014 年

词的叶子

词的叶子。
根奔走得多么快!
我有露水的爱,在黎明前
陪你在灰灰菜的早晨。

词的花骨朵。
多么快! 时间的凋零
我有霜的爱。在冰河上
我是一粒盐。

水是智者的不语。
我是爱你的形状。
我毁灭。我流逝。
我用词学习化为乌有。

为你永生的磐石。

2014 年

重 写

"请告诉我，该怎么办？"
——如何回答这问题？

单数变成复数，那危险的开始？

新的暴民即将诞生，
或者一个——恐怖领袖。

同情之桥搭在深渊之上
雄伟，又令人头晕恶心。

自由要的绝对不仅仅是自由
正如歌者要的不仅仅是嗓子。

这些词，都要经过深渊的重写。

2013 年

唱给死亡的歌

你是带茎的花蕾。你是我的椅子
教会我等待灰尘。

或者，你什么都不是
像回忆在山坡的雾里
倾向于消逝、隐匿
而我将一直独身，作为你的
寡妇——风流、守贞
在时间之外——为了
让你欢喜。

2014 年

坐在海边的女子

坐在海边的少女，甜蜜的双唇。

（山野闪开一条小路，赤裸的少年来了。）

坐在海边的女子，发烫的双唇。

（金色的胸膛。金色的大腿

刮起了一阵晨风。）

坐在岩石上悲伤的女人，熄灭的双唇。

（念诵佛号的僧人来了。）

摘扁桃的老妇挎着篮子来了

带走了他们。

2015 年

爱

爱就是不想活了。

爱是掏空自己，变成
一个影子。

爱是英勇无畏地使自我软弱无能。

去爱就是去找死。
去爱就是以死的方式活着；
就是请一个人把双腿
插进你的身体，

带你走。
你不再有嘴唇，眼睛。
他或者她
在你说话，在你凝视。

爱是水，是任何盛放它的
事物的形状。

爱是安静的乞丐

向一棵草祈求一小片残叶的美丽。
又是一无所求：速速朽烂
成为泥土，供养别的生命。

爱日夜呼唤，奔走在旷野
爱是时间的消失。
如一张白纸的失败
期待世界全然占有自己。

爱是茫然无措。
爱是化为灰烬。

2014 年

"应该对每一次的日出表示惊奇"

鸟儿在你枕边做窝。那黎明的王子
用吻唤醒你，用小腹下紧张的闪电
使你在凝视中将他变成松枝间的露

滴进你的眼中。

一棵小橄榄和酢浆草花的早晨
只有蓝色的一次。

2014 年

词语的火山

你在火山口放了一把火。
你在噼啪的燃烧声中
用双唇轻轻触吻我。

得到祝福的火焰，荒凉岛上
猛烈的海风
散落的玫瑰花瓣
我从你眼中看到这些。

我爱你眼睛里的哀伤
我是你身着红衣的新娘。

我何时能把记忆写进希望？
当我祈祷黑色沙滩上的影子
走进它那记忆女神的足迹从未到过的地方。

2014 年 2 月

我爱你遍体的伤痕

我爱你遍体的伤痕，爱你胸膛
裂开的口子。我爱你小腿上
抓挠的血痂，我爱你
不愿让人看到的伤疤。

我在美的道路上转身
我从明亮的悬崖跳下
我在艰难地学会热爱那些黑暗
在泥泞里，在蛆虫中
我开始用汉字写下"爱"的第一个篇章。

是你教会我亲近垃圾，去爱
人世的肮脏。既然我已知道死神
只喜欢新鲜的尸体
我从冷漠出发，爱你的褴褛
你的尴尬，你对正确那不容置疑的背叛。

凋零的落叶，衰败的秋天
老人死亡的气味，错误扭曲的马脸；
我知道思想的虱子
喜欢在永生的白发下吸血

而魔鬼日夜紧盯着闪光的十字架——

这世界没有令人憎恨之物：
我会喜欢你美丽的凋零
我爱上了你大地壮丽的腐烂。

2014 年

光和阴影

灯光喜欢阴影，为了
使自己显现。那些细细的竹篾灯罩
在阳光下并不长久。
同样是光，而灯仿佛能照亮地狱
——从前这里是巨大的车间
无人知道车床的夹缝里藏着一具尸体

直到一个人在梦中瞥见一只
发青的脚，紧贴着玻璃。

手挽手的情侣们从这一片竹林里走过
听到沙沙的风声
而灯光追逐着真相：
万物都有对称。
只要光笔直地从头顶倾泻——
秘密总有破洞，从自身漏出。

2015 年

我不赞美思念

我不赞美思念。一点也不。
我惧怕漫长的邮路，发烫的话筒。
惧怕独自一个人数着天上的星星
尽管它如此美丽。

我愿意坐在你对面吃早餐。
胡辣汤。馒头。咸菜。
最好有蜂蜜。和两个红苹果。

然后听着你打饱嗝，我像一个
不知何为幸福的妇人那样慵懒着
起身去洗碗。

2014 年

我们去过的……

那些地名。那些道路。
那些远去的日子
你身边空空的座位。凄凉的泪水
浇灌着一棵发情的椿树
满屋都是它的清香，疯狂的芬芳——
我的上帝！我是多么爱那些凌乱的衬衫
袜子、书本、滚烫的话筒
和火苗熊熊的键盘！

2014 年

喧嚣中的独处

0

流血吧！
横在你颏下的匕首，
词语伸出舌头，在它锋利的刃上。

1

别哭，心肝儿，
唱吧，宝贝儿，
那从不知道绝望是什么滋味的人
是多么的不幸啊。

2

有过多少次
像田野里那些突兀的山峰……

无法抑制的悲伤：
你要读的人，以后会变成一行字。

3

镰刀割去你头顶的草
在所有的智慧开始生长的时候
总有反对它的工具
高悬着
逼近你的眉毛。

4

保持一头爱的雄狮在她的柔弱中。

血不相信词语。除非词语是血；

除非——大地有一张人的脸。
必须有多年穿过风雪的手臂
把我掳走。

必须有他令人心碎的眼神
拼起这首诗的完整：

5

在一行空格里她写下又删去
手发抖，她在和这些词搏斗。

扎在这颗心上的

针尖的沉默。

6

有一瞬间我几乎要坐着睡着，
在我那狭小而黑暗的房间
我的头似乎已经掉在了窗外的楼下
路人的脚踩扁了它。

7

看世界杯——
你的胸口没有守门员
狠狠踢向你命运的那只脚
——来了。

8

自从一个人在这里撒下种子
这块小小的殖民地
草木茂密
变换了文字、口音
    以及门窗的方向。

9

你需要重新获得一些语法

在它被使用旧的轭具的磨损中
拔出一根崭新的刺，为了
使你的疼痛更加尖锐
为了接生的婴儿能够在这困苦中
挤出第一声呼吸。你需要它们
重新砌造新的房屋
不需要晚年的信件，不需要
史料和索引；最终你
渴望它的建成仅仅为了有人来把它拆除
继承这遗迹的所有痛苦。

10

寂静的海湾，风穿过你的身体
大理石的萨福，青铜的手臂
你在海面上写下过什么样的飞鸥？

11

男人身上隐秘的丛林。但我
更爱他头脑里的阵风
把他的灌木丛吹奏成乐曲。

12

厌倦！啊厌倦！
灰色的手指在每日额头上

轻巧地弹击。

我对一切都说"好"
好的，好的，
我喝下能治百病的"夏桑菊。"

13

苦涩的美酒
——让你们再干一杯
轻薄的快乐总是一碰即碎。

14

当孩子们扔球、玩耍
球向我飞来。我接住
感到羽毛的柔软
热乎乎的动弹以及爪子
的轻挠。

15

我们说。我们写。
我们的谎言。

它擦去我们——
一块真理的橡皮。

16

在爱中
你只能接受对等的爱，以便
不让爱去羞辱爱在自身天平上的
亏欠。

17

宁静。多么广大
在死后和生前。

只在这块地方向下挖
不再挣扎——对毁灭的渴望
如灰烬般干净。

18

最悲哀的事情——你的遗嘱是长长的烟灰。

为什么你不是被爱叫出来的那个？

19

在瘫痪中你能够站起来，
用你的断腿。

20

词语即事物。我们都知道
"蜗牛"就是蜗牛，带着它明亮的
黏液在这张纸上留下一道发光的痕迹。

把一个人从抽象的绞索上救下的
是你的体温。

21

到今天仍然是这样——
即便在米粒大的野花中
也为我埋伏着一支战无不胜的援军。

22

对孩子们的提醒——

为什么对"是"说"是"？
为什么不能说"为什么"？

23

什么样的斧头
能将一个人从恶棍里劈出？

24

一个人在失去中获得的仍然是
人的完满。迎面而来的仍然是
身后的时间。

25

——它残暴，我写诗。

26

——高大的椿树们，
在深夜你们对我的诗句做了些什么？
土夯的院墙上留下了你们这些独腿人
清晰的骑跨痕迹。现在，
请允许我向你们黑暗的年轮致敬：
我是一位时间积尘的忠实读者。

27

绝不要戴一顶昨夜的乌云
走到今天的太阳下面。

28

回忆中，你的胸脯在他的嘴唇下
缓缓隆起，继续造出

世界的峰峦。

29

——嘘，别说话
回答便是要求。

梧桐叶不必回答风。
槐花也不必回答甲虫——

呵，我的四周一片喧嚣
你们从不管这些：
你们盛开。你们凋零。

30

只用轻柔的歌声
使时间发抖。

2015 年

精卫填海

我知道这没用。大海无边无际，
也没有底。

但生命用于无用之用
原是世界的道理。

况且编故事的人是个道德家，
赠予我不谙人事的少女身份。

但凡有点儿常识的人都会明白：
一个人死了，而我活着。

否则不能解释这填海的荒谬。

所以我必须脱下人的形体，
就像一个死人脱下她的活。

现在你们都知道了，我是一只鸟
然后会是一块石头
在荒谬和自由中继续活下去。

2013 年

桃　子①

两个桃子。
——谁能把它们拿走？

不是公孙接、田开疆，
不是我古冶子。也绝对不会是
上大夫晏婴。

当初兄弟们血染沙场
为国家而非国君。若这是骄傲之罪
也就能解释晏子对无视他的愤愤。

或许不然，只是六月阳光和煦
众人微醺，掠过了小步低首的朝廷重臣。
但桃子端上来——三人，二桃
一道丈量尊严的利刃。

阎王的鼻子找到了我们的鞋子——
他们二人是盖世英雄，

---

① 故事源自《晏子春秋》之"二桃杀三士"。

而我腰间的长剑在低啸，
叫着那些被腰斩的野兽和敌人的名字。

但我看到自己的言语如飞镝取人首级
他们的脖子扑向剑刃就像猛虎扑向猎物；
我岂会苟且偷生，
手起刀落——春秋的仁义剑法
值得被史书铭记。

国君的龙椅、上大夫得意的笑容
如今都化为尘土——
当人们从书本和电脑上阅读这段故事
桃子每年都在山野里兀自默默地成熟

——我想请一个女诗人把它们写进
这首短诗。

2014 年

读白居易有感

伊洛河边的才子，在他向老婆婆读的诗中
犁出深深的垄沟
唐朝的收成后人都有记述
丰收景象有一部分要归功于
韵律的民主节奏

当我还在夔州八首里沉醉
乐天先生已从域外荣归故里
神一样包裹在和服之中

翻译的路途艰辛遥远
今人也深谙此理——比之老杜①的不通
纪事更是捷径
异国情调，东土的民生风景
拐上了通往世界的大路

但白乐天必然不是为此写诗
正如杜甫的苦吟

---

① 老杜，即杜甫，写有《秋兴八首》。

听猿实下三声泪——这冷酷的圭臬

依然想用羊毫

钻透汉语花岗岩的坚硬。

2013 年

洛神别赋

一

"我不知道我是谁。"她坐在琴前
感到有人顶着甄宓的名字奔向岸边的芦苇丛。

雨落着，濡湿了窗台。
竹叶微微颤抖，那上面
覆盖着诗人消瘦的手。

"我不知道何为命运。"她的叹息里
一个死去多年的人弯腰捡拾霜叶。
突然，她的脸颊开始燃起一小片火
那人把手伸过来，就在
她打算停止等待的瞬间。

她不可能死去。

在男人幽暗的注视下，夜终于
从隐喻和轻浮的笔下成功逃出。夜
终于成为黄昏前准备出嫁的无名新娘。

"好了，我感到一双脚走进我的双脚里。"

她已经不在宫中。也不在
一道白绫慢慢的松开里。

二

"我厌倦了一切。我的战袍早已脱下。
我只需一张战败书的羞辱，或者，一支笔。

我只需要狼毫的锋刃
画出最柔软的嘴唇。那美

将没有面孔。只有一个名字
在茫茫芦苇上飞逝。

你们都错了。我写的都将被暗夜抹去
一只浅绿的豆娘立在史书的脊背上。
风
是我头顶刀剑的亲吻——那道光！

洛水将是我的床，倒影的碗
盛满了坠落的星星的喊声。

——诗人。他们这样叫我。

而我只是被一阵词语的悸动活捉。
是无边的沮丧推动一条河
寂静无声地流淌：

到了。就是这里——

我的马在旅游者和轿车的喧嚣前
终于停下了它
　　苦闷的蹄声。"

2013 年

雪夜之戴逵①

我知道，船已经离岸了。

戌时降雪，掌灯，斟酒；
亥时读《招隐》，开门，备船起身。

从山阴到剡县，二百里水路。
大雪压境，淅淅纷纷
笼罩山峦深溪，村野草树。

窗户映得明亮。我听到马在后院踏蹄
刨着深夜的安宁，几滴雪片
溅到了绢上，正慢慢化开。

雁荡槭呼唤着云山枫
两岸寒树耸着脊背，沿着剡溪冒雪奔跑
如一朵云跟随着乌篷小舟。

家童已把酒热好，几案插着青竹

———————

① 据《世说新语》之"雪夜访戴"。

这是他喜欢的。而墙上的破琴
拼起了一个人的完整——这也是我喜欢的。

三更，四更。鸡埘里传出安心的啼鸣。
艄公缩肩把橹，而那人已化入苍茫雪意之中。
一切都好——
寂静覆盖了我皑皑的绸绢。

兴有四手，君两只
我一双，接着漫天碎琼乱玉，
这一路银色世界，至静至美——
呵，生死无非一夜大雪，
你我一同寄身其中：举杯吧，子猷。

我不会出门移开柴扉，
你也不会大笑着下船；
月亮已从高天走到西边的山峦，
君将在艇湖折返船头，完成那
名垂青史的雪夜一游。

2014 年

与恶搏斗

与恶搏斗，但别
贴近它——不要加深你的不自由
——远远地
凝视一双纯净的黑眼睛
握住一双热手——赤裸着
面对刀丛：带着你最警惕的花
和羽毛的轻盈——是你绝对的反抗：

你的金色小铲子
你绿色的好像和仿佛。

2013 年

汉语之航

是锚，而不是鱼钩
沉系在溺水者的下颌骨上。

只有在那里，你听到牙齿森森的喘息
那些眼球发青的人
还没有死。

2013 年

我打算……

我打算从你们的世界消失，
和寒冬一起。因为
只有春天是昂头站立的。

死亡是一座法庭。我知道。
告发自己并不可耻。

我将给人间留下鳏夫，一座无顶的
房屋，以及荒凉的山野。

万一哪一天，一棵落光了叶子的树回来呢？

沿着笔尖，我走向我的坟墓。
正义厌恶嗜血，而深埋的种子
总会复活。

必须和黑暗有同样的耐心，直到
我的大腿骨长出新肉，一脚踹开
沉重的棺木盖子。

2016 年

辨　识

"人不可能拥有他的自私之物。
因为人并不拥有它。"

他挥舞着锄头，在山脚下劳作。
另一些时候也是如此：
那些在书桌前感到绝望的人，
以及把性命交到爱人手中的人。

深耕的犁默不作声
想让泥土把自己埋进去。
一个人想掏出自己的肝肠
献给那因热情的颤抖而无限辽阔的虚无。

只是不要说这有什么伟大之处。
母亲在水池前洗碗，
孩子们在树荫下嬉闹，穿过发热的空气。

2015 年

动机的黑暗

一棵菠菜从土里长出来时
它的碧绿不会想到进入人的肠胃。

一朵二月兰的开放也不会为了
把它戴在鬓角的姑娘的感谢。

善良不会想到跳到秤盘上去
找到不差分毫的价格——甚至比
人们认为的更多。

我如此恶意地想到了世间有那么多
善良的动机。为此我自认是个坏人。

2013 年

发　表

我的诗都有署名。
我的诗都有一个收到的人。

箭镞飞来时
必定会有一个前额迎接，
我爱它光明的固执；

我爱伤口勇敢的裸露
虫子无法忍住对血的赞颂——

当膝盖对我说话
这首诗将不再发抖。

这是一个女诗人对隐私的出版
永恒的海洋和群山——书桌在起伏。

2013 年

六月多雨的南方

这是多雨的六月，亲爱
南方彻夜下着雨
密集的雨声，滴答的雨声
都是你的名字，亲爱

我还在继续凿着我的墙壁
因为上个月燕子飞回来了
在楼门洞口衔泥做巢
就在那锈蚀的钢梁上
我整夜工作，向燕子学习
全然不管这里不是树林而是钢筋水泥

你知道，太多的地下车库
成了孤魂们藏身游荡的地方
轰鸣的马达声掩盖了那些哭喊
还有楼顶徘徊整夜的身影
窗子里纵身一跃的人

故乡松软的泥土没有来得及
赶过来接住他们——
我凿着墙壁，一下又一下

它的坚硬就是我的决心
我还想去本雅明的墓地看看
那个西班牙边境的小镇
自由会延迟一个夜晚到达
鸟儿飞过界河，落在橄榄树林里

他们用这种绝望的方式换行？
或许，我并不赞成这样。现在
我的衣衫已湿透，紧紧贴在脊背上
明天的追悼会我不能去了
我会接着写下去，换行
浮上海面透口气
直到完成这首诗

因为这多雨的六月
南方的江河暴涨
我已感到这厚厚的墙在摇晃
——相信我，亲爱

2016 年

低 诉

蟋蟀在我的窗下用歌声织着
不是一张网，而是一个洞——

把一个人慢慢装进去
用你那凄凉、温暖
空空的抱紧。

2013 年

写

在一把椅子里每天的旅途
你的旅伴——灰尘的慢。
那么多日夜
是你沉重的轭具。

多美呀。
有人赞叹着你手里的活计。
那件殓衣
被你睫毛上的泪认出。

2015 年

第二次

走在郑州街头，没有人注意到
你的小腹微微隆起，步履有点沉重
文化路上高大的法桐
是绿色走廊永恒的穹顶
在冬天，它们的天窗打开了一条缝
这条路最北面是三联书店
二十年前你在那里买过很多书
一些幸福宁静的时光
被写进了你自己的书中。
那个帮你从地上捡书的人去了哪里？

从经七路拐弯，向西，再向南
金水大道上空的鹭鸟是你的脚踵
电影院的名字叫"建文"，如今改成了
索克。你依旧习惯叫它老名字
你背着书包，买票
在黑暗的座位上坐下，电影开始了
《碧海蓝天》，有人告诉你原文是《大蓝》
Big Blue，那是二十二年后。
当主人公消失在茫茫深海
抹着花脸的包公撩起官服走上前台

锣鼓敲着中国的节奏。

灯火在四周闪烁，小吃店沿街而列
开封炒凉粉，羊杂碎，黄焖鱼
高楼上广告牌的霓虹模糊了
在灰霾中它有着沮丧的喘息
你将路过工学院，大铺村
路过五月的草莓和田野
和孕穗的小麦一起，你挺着大肚子
脸上是恬淡的微笑，你就要生下
所有的往昔：在不久的将来
在那可以痛哭的好日子。

2014 年

黄昏圆舞曲

绿萝的叶子从窗台垂下来。

屋里人一个在画画，
一个在写东西。另一个
读着《幸福》。
狗狗在它的窝里睡着了。

马群从屋顶上带着烟尘奔跑而过
屋里是安静的。
战列舰从地板下驶过
屋里也是安静的。

黄昏来了，音乐响起
有人唱着——"一阵疾风
不期而至将我带走，
蓝色的天空，蓝色的我"。

和女儿们坐下来，开始吃我们的晚餐。

2015 年

如果我消失

如果我消失，那空洞就造成
一个更大的我。

虚无占领我。
唯有此，在绝对的虚无里
世界涌入，在
一个逐渐扩大的空洞中。

2013 年

蟋蟀的歌

一天比一天冷了。

草丛里
蟋蟀的歌断断续续
像哽噎，变得
老硬，短促
为自己小小的身体
锯着最后一根
临死前的
木头。

2013 年

一支短歌

你的椅子下有一个山洞。
而你的床上有一堆雪。

阳光里下了一阵小雨。
你的桌子绿了。

我的我渴望是你。
你却不是我。
而我是谁?

部分地,我是半个秋天。
是半棵杨树
几滴雨。

你若不知道这一切,
我就会死于不能成为你的饥渴中。

2016 年

小谣曲

——爱情把我塞进它的石碾，
磨啊磨啊，磨着它永恒的麦子。

我高高的白杨树呀，我的小榆树
我从不曾认识你；

天上的星星，蜂巢的眼睛
从来没有这些灼热的洞口。

只有月亮的弯镰，割断了我的脖子
只有风的利刃，把我切成了波浪。

金色的灯站在一朵雏菊上
我的心挑在刀尖上。

姥姥呀，我要去找你
螽斯们弹着三弦在门外等我；

我穿上我的红棉袄，系好我的红围巾
比所有的新娘都美；

黑暗慢慢搂紧了我的腰，

他的手多么有力；

他在犁开的泥土深处
已为我铺好青草的婚床。

2014 年

祈　祷

如果真有上帝——我的上帝啊
我也想要一个。

请你来吧，但别坐在高高的神龛上。
你要比我更弱更小，也更贫穷
让我感到你对我的需要；

你须洁净如一面镜子，
让我看到我胸前那个凄凉的大洞；

你要每日做着苦役，却像在幸福之中
让我感到你可怖的力量；

你要像牲口一样温顺，低头承受
我凶残的抽打、最无耻的剥夺。

你要用新鲜的伤口，继续亲吻我
让我狂怒，让我无地自容。

你要接受我匍匐在你面前的恸哭
给我你倾听的尊贵与静默。

你要像一把锋利的刀子，收割我
并将我重新温柔雕塑。

你要允许我的脸从你的脖子上抬起时
嘴巴上带着鲜血——你要让我吃饱；

你要把自己剁成肉糜，进入我的肠胃和身体
直到——我成为你——被你完全占据！

我的上帝，拿去吧
现在，我是你的了。

我爱你。

求你永远、永远不要把我抛弃。

2014 年

愿望的愿望

我的愿望想失去它自己。
我愿望的柴堆想熄灭它的火。

它太亮了，
以至于看不清任何一颗星星。

死在呼唤它自己的死。
绳索有扭头咬断绳索的冲动。

我会放你走——就是现在。
我剖开胸膛，血新鲜地散发着热气。

苍天，我知道万事万物都想回家。
击打着镰刀的铁锤，一把斧子的木柄。

你会回来，愿望和它脱落的囚衣
当你成为那最自由的。

2015 年

每日厨房

我走进我的厨房，你在黑暗的水龙头深处。
我坐在井口边，你在更黑暗的下面。

你漾进一把亮闪闪的银勺中。
你直入一双筷子里。

你改变我的嘴角，当我微笑
你改变泪水的方向。

你把我捣碎成一捧谷子
洒进危险的泥土。

你走进一场大雾，
消失于世间不存在的视力。

你喊叫，你累了。
你在我少女左边的乳房下面睡去。

2015 年

白杨树

白杨树，我想成为你毛茸茸的叶子。
当你笔挺站立，我想成为你闪亮的颤动。

你在风中起舞，
我想成为你嘹亮的嗓音
歌唱九月高阔的天空。

当你钻入云天，我是你脊柱的力量
是你根须里隐秘的泉水；

当你对大地说着飞雪
我顷刻成为你滚烫的新娘，
在落叶中成为篝火的上升。

我是你收集的蓝色闪电，
是你岁月的记载者；
我是你生命闪亮的颤动
当你在春天长出毛茸茸的叶子——

2015 年

听　写

他说：来吧，让我们听写这世界。

就在这里，深深垂下头
你看到荒寂无边的野草

它们是牵牛、灰灰菜、泽漆，
是车前草、苍耳
是马齿苋、飞蓬和白茅
是蓬勃杂乱又俨然有序的生命

这其中的任何一棵都能拯救你

尤其是无怨老去的那一棵。
尤其是被虫子咬得千疮百孔的那一棵

2015 年

最后时刻

她要死了。
这没有什么。谁不死呢？

只是，是否再见他一面？
当离开这个世界的时候。

她记得他说过：
我们无论谁快死的时候，
一定要赶到彼此的身边。

现在，这个时刻到了。

——但是，为什么？

仅仅是因为快要死了？
什么能换取这样的相聚？

爱太大太重，没有任何天平能够称量。
死亡也不能。

既然活着时不能在一起，

此刻也不需要。

她想着他的嗓音合上了眼睛——
那个时候，他们是在一起的，
午后的阳光照着他
挂在眼角的泪水。

人间有多少这样的爱人
从来没有分开过，和此刻
　　一样。

2015 年

誓　言

"好了，"她说，
"现在我们拉钩吧。"

孩子们就是这样做的。
伸出弯曲的小手指，紧紧勾在一起。

"拉钩，上吊，
一百年，不许变。"

这些没头没脑的话，
不需要头脑。
只需一点点的爱和

相信。

2016 年

夙 愿

愿我是那个八岁的女孩儿，
愿我用刚从地下冒出的清水的眼睛看你。

愿清晨的雾气在柿子树上凝成露珠，
密密的绿麻地里有草虫嘤嘤飞过。

愿担柴人放下柴捆，擦了汗继续往村子里走。
愿你能看到我褪下花裤衩后小雨的哗哗声。

愿杨树苗圃继续做它寂静的梦，
愿我这首小诗无邪地躺在泥土的芬芳中。

2014 年

嘎俄丽泰

迎着启明星，他把羊群赶进晨光。
滚滚的羊群淹没了
　　十字路口和广场。

迈着细碎的步子
羊儿们踏踏涌进了
地铁站、影院、商场。

没有警察，也没有红绿灯
他们都不见了——岗亭里的树
　　刚刚冒出新叶子。

他在大街上种了那么多草！
那么多格桑花、金莲花。

嘎俄丽泰，这是你的羊群
你的草原和你的杭盖；

是你开在玻璃上的蓝雀花
长到电视塔顶的黑麦草。

嘎俄丽泰，美丽的姑娘

我是你的马儿，名叫乌尔塔拉克。

我放牧着一座大城

大海放牧着万顷波浪，嘎俄丽泰；

这是一座阴霾弥漫的城

温顺的羊群从不说话，嘎俄丽泰；

我一唱歌你就来了。

你是一阵清风，蓝天和草原跟着你；

嘎俄丽泰，我在水泥的牢笼里

从未失去那样的

碧绿和蔚蓝。

2016 年

你当然可以说

你当然可以说："人没什么可自大的。对于蛇来说
到处都是路。鸟飞在空中需要路吗？
还有鱼，在大海里。"你望着楼后面的村庄
黄豆地里升起的淡淡的雾霭，蓝色的——如此清澈
瓜园，菜地，人们在土里刨出滚圆的红薯
灼热的太阳点燃了玉米的红缨子，并在蒿草上
催生浓烈的香气——你抓住笔，说着，写着
攀援到这座城市的楼顶，并在天空的深处
找到一张稿纸——能放进这一切的——正是这个样子。

2014 年

村　庄

村庄比以往更多地活着，更多地
生下鸡雏、驴子和绿荫
村庄比以往多地品尝人们的脑袋
津津有味，啃那些石头，和
石头里的鸟窝。这些杂草
来自田垄沟渠的皮层，来自季节轮换时
一阵发黑的凉风……

在你们的楼顶更为丰茂
起伏无际，那金色麦浪
让你们做梦，怅惘，回家时迷路
它何等满足——在荒凉的大地
使人成为一棵树，没有哪座城市
能善良如此：

对你们而言，这是你们看不见的；
但在痛疼时，你们便清晰地知道。

2014 年

亲爱的小舅

深夜放下电话，我就睡了。
不……或许在黑暗中睁了一会儿眼睛，
但终于睡了。

.

孩子们的起床声使我醒来。窗外
一场罕见的大雪把世界变成了童话。

.

我拎起相机，走进寂静的树林
趴在被雪掩埋的一朵迎春花下。
呵……到处都是快乐的拍照人。

.

幼儿园里的孩子们在打雪仗，
我微笑着看了很久。

.

几乎一个上午就这样过去。
我收拾锅碗，吃饭，给小狗喂了水。

.

空空的电脑屏幕里，你突然朝我眨眼笑起来。
我嚷嚷："你偷吃我的苹果，
骗我啃你的臭脚丫……

.

别赶我走，我会像
村边的河水一样跟着你——
.
现在，该轮到我带你漫山遍野去玩了
——它依然是我们的当你在空气中
　变得比风还轻。"

2011 年 –2013 年

大沙埠　（——2010）

——有人吗？
——谁还在这儿？

村口第一家屋顶上的瓦松，打谷场里
低声咕咕叫着寻觅麦粒的鸡群，
早晨的炊烟，傍晚孩子们的喧闹，
躲在磨坊里亲嘴的舅舅和舅妈
……都去哪儿了？

外夹河旁的墓地，什么时候
外祖母们默默起身，裹紧荒草的大襟衣裳
低头走远了……

在这片被称作故乡的土地上，
我童年的窗棂、水缸和火炕
午后驴子的叫声去哪儿了？

——巨大的铲车铲掉了它的头，
点钞机撕开了它的血肉……

当心，你们会永远养着

这头哀号的、剥了皮的野兽——

2014 年

大沙埠 （二）

……把白床单揭开吧

鸡叫了
天亮了
舅妈在灶下生起了火
舅舅们牵上牛，要去春耕

亲爱的姥姥
我的铅笔是新的
我感到里面有一群人
挨着躺在一起
只要一点点墨水就能救活他们……

2014 年

我的牛群来了

我的牛群来了。

陌生的孩子赶着它们。这些缓慢的士兵
带着新的战场，在我头顶的黎明行进。

走进一夜未熄灭的灯光
走进墙壁
走进树叶在朝阳里的醒来——

一点点啃尽我那碧绿草原上的
客观性，并在黑暗的胃里
反刍着所有喂养了我热情婴孩的幽灵。

2013 年

小饭午的端午

这是东山底最好的竹子，小饭午
这是外夹河最绿的苇叶，小饭午

你和夜风一起来吧
带着你清凉的石凳，朝谷底撒一把
金灿灿的星星

五月的列车从田野穿过，麦子黄了
黑喜鹊悲伤地飞进黑夜
却把它的闪电留在石榴的火焰中

你的碗是木头做的，小饭午
你花椒树下的凉席是蒲草编的，小饭午

月亮升起来的时候，诗人们手挽手
走到了水底，寨子的井里传来说话声

我的歌声在树林里网住了一只山雀
我的手在记忆的巢中找到了一窝燕子

给拴在杨树上的毛驴喂一捆青草

从我的眼睛里舀一瓢泉水吧

这是还不曾到来的端午，磨坊里的石磨转着
磨着冬天和春天的谷子

这是你童年藏起来的粽子，小饭午
风正悄悄地掠过小河的水面，小饭午

2014 年

想起大沙埠

感激雾，
雾中的街树，
　　　　　站着，
戴一顶叶子的冠。

感激无人的城市，
麦田在郊外越冬。
　　　　　　低矮，
蒙一层日子的尘。

感激一个盲人在天桥上，
拉着二胡，
面前是放零币的铁盒子。

今天是初一。
道路伸向远方。
　　　　　你可以启程了，
带着积攒多年的木头，
吞进胃里的一根钉子，

把被强拆的村庄，

重新盖在

　　一座海岛的蓝色之中。

2015 年

新 年

今天要摆上鲜花，听新唱片
今天要打扮漂亮，穿上长裙

这样就可以不说我看到的一切
这样我可以忘掉死亡的铁犁
深耕土里滚滚的白骨
这样我才能不再发抖——
这样我才能开始重新识字——

小女孩，教我认识你手里的花
以及我从未见过的
小紫蝶的名字

2014 年

归

前年三月去世的小舅回来了。
身后跟着那条姥姥从前养的狗。

他在里夹河岸边走来走去
再也找不到大沙埠村。

一个古老的村庄消失了
现在韩国人的工厂摞在了祖屋上。

小舅在南大沟看见自己用过的碗
捡起来揣进了怀里。

天黑时，他在资阳找到了大舅的家，
一进门就看到了桌子上的酒杯。

"大哥。"他喊，
掸掸衣领上的雪
和大舅一起坐下喝酒。
就像从前一样。

门口雪地留下的湿脚印
就像从前一样。

2015 年

山神庙

有人在神位前烧香磕头，
庙祝就开始打长长的呵欠。
问他为什么？
他说感到神灵来了。

山神庙在大山的出口，
紧挨着沟口水库。
河里已经没有水，
流淌的是滚滚的鹅卵石，
还有淘金人的贫苦和贪心。

村子里的人越来越少。
村子里的井很久没人来打水了。

现在，荒凉就要代替村庄的名字，
那样也好——
天一黑，杨树和桐树就从山坡上跑下来
弯下脖子在水库边喝水；
死去多年的外婆骑着马，而外公
赶着驴车，十里八乡的亡人们
穿红戴绿到河滩里赶集。

长满荒草的戏台敲响了锣鼓，
鬼魂们上演着活人的故事。

院子里的椿树现在是看门狗，
它哪里也不去。
山神爷从神位上跳下来
吃完了贡品，领着
多年不见的虎豹挨家挨户巡视。

纸糊的竹灯笼在沟壑里闪闪烁烁
红灯笼是给新娘提的，
白灯笼是给新亡的孩子提的。
夜半时分，
山神庙朝村里挪动了十步，
为了——让到处是残垣断壁的村子
看起来不那么凄惶；
而那些客死异乡的人们
正趁着夜色朝家乡匆匆赶路。

2016 年

大滩的雪

这是我的清晨。
一队沉默的马匹从窗外的雪地走过。

这是我的马。
它远远站在路口。

等着它的小马驹，一步一步
朝这边走过来。

远远的路口，站着我的牛
一动不动等着它的小牛犊。

一步一步，它们走过来。
那是在大滩的修理厂旁边。

那是黄昏时的道路。
那是清晨的马匹带走我的道路。

车里响着田园交响曲。
马和牛的蹄声多寂静。

音乐，音乐是对它们羞愧的歌颂。
一群羊来了。我的羊群滚滚

是一群黑蛋蛋在雪地的发蓝里。
放羊人背着干粮，风吹着他的破围巾。

我的马和牛，我的小羊羔。

我是那脏兮兮的羊。带着小崽子的马和牛
在大雪中一步一步地走。

雪，拉开了生命的大幕
牲口们缓缓地来，缓缓地消失在风雪中。

那样大的草滩。那样大的雪。

今生再也不会有。

2015 年

阿姑山谣

阿姑山，阿姑山
一群羊在坡上啃着青草。

四个孩子在草滩上笑
他们的爹娘在树林里哭。

阿姑山，阿姑山
沟里有十颗黑色土豆
桌子上有一只空碗。

一把斧头跟着你们
太阳在穷人的脖子上闪耀。

阿姑山，阿姑山
今晚的月亮又大又亮
有罪的诗人正在把你歌唱。

2016 年

她

她生了两个儿子和两个女儿。
她有三个孙子，两个外孙女和
两个外孙。

她在死后的几十年里
她又生下了柳树和杨树；

生下了一座小山坡和
里夹河的数条支流。

她也生育鸡雏、牛群
小猫和小狗——她生过一只
漂亮的跛腿驴子。

她继续生育着大路和小路
猎户座最东边的一颗星星。

她生下了大沙埠这个村子。

她生得太多太多：谷仓、芨芨菜
磨坊和门神，以及

这首小诗。

她是我的姥姥。
她的名字叫董桂英。

2015 年

无情的人

是一个出家人。
是一个不知道什么是男人的寡妇。

是一个脱光了衣裳也脱光了念想
　　跳进冰冷海水的人。

一个转身就再也
　　不回头的人。

哪个村子里没有一口深井？
哪个村子里没有几根绳子？

无情的人砍断自己的手
不许它们向世界伸出去。

把他们抱走的土地爷从不哭，他说
人啊，你们才是埋人的阎王。

那么多河水默默流淌
那么多野草在春天发芽。

2015 年

远　方

老屋的窗户结满了蛛网。
老屋的梁落满了灰尘。

院子荒了，
长满野草。

院墙塌了，
葎藤和蒺藜占领了它。

村子空了，
人们拖家带口进了城。

可怜你小时候种下的椿树，
在无人的院子里长得又高又大，
忠心耿耿替你守着故乡。

我每年叶落又绿的椿树啊，
它没有远方。

它就是那些越走越远的
　　游子们的远方。

2016 年

推子和她的姐姐

爱把虽然变成了因为。
仁慈就把尽管变成原本。

推子临死时对姐姐说：
姐呀，我死了谁跟你做伴？

没人相信一个傻子会说这样的话。
全村只有她的姐姐信。

那个为了傻妹妹
一辈子不嫁人的姐姐，白发苍苍
七十多岁的老姐姐。

2015 年

美 的

庄稼是美的。树是美的。
一只啄虫子的鸟是美的。
贫瘠的村落在贫瘠中也是美的
——有罪也得这么说。

新春联贴在旧门框上，是美的。
结冰的水洼是美的。
美就是那些事物最单纯的存在
赋予人的希望——我已为此
支付痛苦和双眼的凝视
——人活着，这出于它们的慷慨。

风在旷野上呼号，风抽打着
松树的枝条，万物坚定的表达
如一场暴风雪——是美的。

2013 年

2015 新春祝词

我哽咽，在你身上，我
挑拣词语，一大片玉米地
闪亮的露水。在你身上
我寻找深山的和尚，野豌豆的戒疤
或者榆树的伤口。我扑向你平坦的胸脯
寻找祖先，那些山里流出的河水
奔向大海的跋涉。两岸是杨树、泡桐
将会结出秋天的籽粒，为了
春天全然的信任。我哽咽
一颗颗泪水滚滚而下，像苹果
跳下山坡。像核桃树散发香馥
你竹子的挺拔和消瘦，你季节的段落
还在被时间书写。这么多年
远方的天空是一座安静的剧场
等待着一块耕地变绿，远人回到家乡
说他万水千山的历险。从最初的火
到深夜的星光，成为人漫长的道路
在我双乳间伸展，那丘陵的起伏
还在转向南坡的阳光，野生的自由
在你身上，我被一棵柿子树绊倒
亲近着贫瘠村落里的甜蜜

回想开封的一夜大雪，我们错过了

潘杨湖的微澜，错过了青春的眼睫

那浓密的荫凉，是否是白发苍苍时

遮盖我们的石头棺椁？或许这一切

都在你的身上，肩膀拱桥的曲度，流水的表盘

你双手盛开，像杏花的十万洁白杯盏

被悲伤长出四次，注满日光的糖

像柳丝的针线，缝合记忆的伤口

你的双腿是一场勇士的战争，是

生命扯起的旗帜猎猎作响，当我仰望

一本书在我的眼睛里，让麋鹿成群的山林

阅读。在那里的九月，我爱上你

用洛尔迦的诗句，用伏牛山的次生林

还有叫老范的山中老人，是他们

所有过去的故事，在青冈树和黄栌叶子上的

讲述，那些村庄的名字，童年大海的碧蓝

和你光明的腰海拔平齐。我敞开如大地

顺从你如驯顺于诗句的韵律；你额头汗滴

臂力的白蜡树，撑起我们的院落

丝瓜架漏下星光在我们身上，修剪

我内心的黑暗。唯有心跳

随着牛蹄印在乡路上颠簸，唯有它

能盛放雨后清澈的白云。在你身上

携带着虫鸣，古老夜游神的梦呓

被我的嘴唇用啜泣朗诵，被绿麻地的宁静倾听

闪亮的嘴唇，最后离开的一个叠韵
是看麦娘草五月的寂静。匿名的神为你
使用我，就像毒芹使用苏格拉底
就像陈蔡的沼泽使用一条丧家犬。你眼角的泪水
告诉我松树为何沉默，知道蟊斯
挨近烛火的幸福。是幸福，当我
扑在你身上，就是字找到了句子
句子找到了语言，风媒花在阳光里找到
大气的秩序。这是知识的秘密
那些被闪电照亮的理性的森林
荠荠菜和野蒿草大脑里的世界
比航天器飞得更高远，当你旋转
金色的身体，你银子的亲吻
唯有弯曲的光能够触及；你的波浪额头
你时间的骨关节，膝盖上的音乐大厅
正演奏着死者们量子的交响曲
我哽咽，在你身上，那是美
破旧的裙子，它撩起风
在橄榄树林中吹拂，在穷人善良的目光中
我寻找珍珠，也寻找苏里曼的瓶子
放出彩虹，不是魔鬼
是鲁米的葡萄酒缸，是杜甫深深春草
我寻找我缺失的手掌，像荒凉海边
希腊棘为阳光投票，鼻尖的绝望为香蜂草投票
死在异乡的年轻诗人，朝石头和寂静

纵身一跃。我们曾和他一起进入
青铜的大海，带着花楸树的宝石
为永恒的诗歌献上同一颗心
当我们回到汉语的屋檐下，你问
什么是才是中国？河南人，山东人
失去了自己的语言。向着斜坡走
会遇到一匹红色小马，路从远处退回来
从寨墙外，怎样试着说出迎面而来的童年？
另一首诗的山谷，哲学在左边
灶火在右边。俄狄浦斯的三岔路口
也是孔子与老子告别之处
我挑选无能的力量，朝着微弱的灯火
走向你黎明的阳台，那一片玫瑰色曙光
大自然在你赤裸的身上沉醉
是欢乐推动天体运行，催放思想之花
后现代的轨道旁，灰灰菜们兀自美丽
在路边，或者地头，墙角，老牛
反刍，驴子在槽头嚼着秸秆
政治犯透过监狱小窗，望着天空和鸟
红色印章追逐着玉带凤蝶的翅膀
革命换上了西装，推土机
推平了外祖母的大沙埠。招魂的纸
燃烧在每个汉字中，在你身上，我哽咽
我挑拣砖瓦，挖掘地基
我寻找瓦松的灯芯，寻找屋脊上的引水渠

让血和月光通过，这时间的土壤

还在生长神话，因为星星还在广袤的天上

博物馆的竹简轻轻碰响，陶罐开始滴水

大河村犁过的原野，一群麻雀飞过

那时我才二十一岁，你更小，为母亲买药

像一艘小船，滑行在五月的麦浪

骑自行车的孩子，撒开车把

像奥德修斯返回伊萨卡，像卡瓦菲斯的笔

开始写下一座新的亚历山大

我不知道什么是国境线，不知道什么是

大理石台阶。因为你说雪竟然和水

和云、雾、眼泪是同一种事物

万物共和国，为什么我不能是你？

《诗经》里茨草就是蒺藜，它们相拥

带着真理的尖刺，在大地上铺开。弯月的镰刀

砍进对它自己的赞美。一百年时间

我熟知我的笔笨拙地模仿，从苦荬菜的愤怒

到马齿苋晒不死的倔强，它们不会放过一个诗人

一百年，新的汉语来自德意志、印度

来自《毛泽东选集》，来自麦克阿瑟离开后的日本

以及佛经，西域三十六国的后裔

先祖们烧陶，造船，织布，他们用草木丝绸造纸

皮匠，中医，木匠，铁匠铺里的火光

引车卖浆者的吆喝。大雪和大雨不停下着

大河大江却慢慢干涸，如我们的语言

我哽咽，重新开始学说话，跟随你翻字典
每个词都从你舌尖喂给我，那些麦粒
谷粒，晶莹的粮食，露珠和泪珠一样美
我匍匐，像自由的奴隶，寻找奴隶的自由
每一天，我成为你打开的窗口
窗外是新的田野，而田野沉寂
等着人的歌喉加入布谷的啼鸣，人的光荣
搁在神龛的灰尘中，等待被擦亮
月落之前，母牛还在栏中，但小牛
已经卷舔着词语的树叶，走上了田埂
一百年，外祖母的小裹脚刚走出一百里
识字课本留着一百年前的口音，那不是雄鸡的叫声
也不是溪水的淙潺。我扑向你的身体，我哽咽
正如这首诗，我寻找油菜花金色的声音
山林猛兽的低吼，升大调，降小调
也是"二八板"与"花田错"
你脊柱笔挺，像长矛
击中我的昏聩。生命被它意外的
影子复印，温柔抚触
如香气袅袅上升，在我的额头萦绕
那是一簇豆秧名下的领地。河南地处中原
却是文学的边疆，正好，如你朝着故乡
远走天涯，在无名边界植下你的
两排白杨。就在刚才
赫尔墨斯飞过头顶，有翼的双脚

拂起甲骨文上的积尘。让我看清
古人占卜的密码，那些龟甲，镌刻着
世界原初的面孔，我在你脸上一行行描红
汉字饥渴，吞吃槐树的年轮，艾草的芬芳
干旱朝我慢慢围拢，像危险的马群
从岩石中刨出一汪泉水——拯救
靠灵魂为生，爱是接生的大斧
请使我破碎——为脚下的泥土
拼起一个人的完整

2015 年

蓝 蓝

原名胡兰兰,当代抒情诗人。

祖籍河南郏县,1967 年出生于山东烟台。14 岁开始发表作品。

曾获河南省首届、第二届文学作品奖,刘丽安诗歌奖,"诗歌与人"国际诗人奖,宇龙诗歌奖,冰心儿童文学新作奖,以及新世纪十佳青年女诗人称号等。

作品被译为英、法、俄、西班牙、德、日、韩、希腊、葡萄牙、罗马尼亚、克罗地亚等十余种语言。

代表作品

诗集

《含笑终生》《情歌》《内心生活》《睡梦睡梦》《诗篇》《从这里,到这里》《唱吧,悲伤》

童诗集

《诗人与小树》

散文诗集

《飘零的书页》《燕麦草》

散文随笔集

《人间情书》《滴水的书卷》《夜有一张脸》《我是另一个人》

长篇童话

《梦想城》《坦克上尉歪帽子》《大树快跑》

童话评论集

《童话里的世界》

从缪斯山谷归来——蓝蓝诗选 2010-2016

出品人｜续小强

策　划｜刘文飞

责任编辑｜刘文飞

书籍设计｜张永文

印装监制｜巩　璠

投稿邮箱｜ liuwenfei0223@163.com

微博　http://weibo.com/beiyuewenyichubanshe

微信公共账号　bywycbs1984